Daily Smile

Sourire quotidien

A Travelling Exhibition of Original
Duncan Macpherson Cartoons
Donated to the Public Archives of Canada
by *The Toronto Star*

Une exposition itinérante de caricatures
originales signées Duncan Macpherson et
données aux Archives publiques du Canada
par le *Toronto Star*

Daily Smile

Sourire quotidien

A Travelling Exhibition of Original
Duncan Macpherson Cartoons
Donated to the Public Archives of Canada
by *The Toronto Star*

Organized by Denis Castonguay,
Deborah McNeill and Douglas Schoenherr,
Picture Division

Ottawa, 1980

Une exposition itinérante de caricatures
originales signées Duncan Macpherson et
données aux Archives publiques du Canada
par le *Toronto Star*

Catalogue et exposition préparés par Denis
Castonguay, Deborah McNeill et Douglas
Schoenherr, Division de l'iconographie

Ottawa, 1980

161 915965

Public Archives
Canada
Archives publiques
Canada

© Minister of Supply and Services Canada 1980

Available in Canada through Authorized Bookstore Agents and other bookstores, or by mail from
Canadian Government Publishing Centre
Supply and Services Canada
Hull, Quebec, Canada K1A 0S9

Catalogue No.: SA2-120/1980
ISBN: 0-660-50664-5

Canada: $12.95
Other countries: $15.55

Price subject to change without notice

© Ministre des Approvisionnements et Services Canada 1980

En vente au Canada par l'entremise de nos agents libraires agréés et autres librairies ou par la poste au
Centre d'édition du gouvernement du Canada
Approvisionnements et Services Canada
Hull (Québec), Canada K1A 0S9

N° de catalogue : SA2-120/1980
ISBN : 0-660-50664-5

Canada : $12,95
Hors Canada : $15,55

Prix sujet à changement sans avis préalable

Table of Contents

Table des matières

Foreword

The American critic Edmund Wilson wrote about Duncan Macpherson in 1965: "I do not doubt that the originals of his drawings will hang someday in Canadian galleries." This prediction by the author of *O Canada: An American's Notes on Canadian Culture* was fulfilled this year when *The Toronto Star* donated to the Public Archives of Canada some 1,220 Macpherson cartoons from the years 1959 to 1978.

For over two decades, Canadians and the world at large have reveled in the genius of Duncan Macpherson, whose trenchant wit and apt political commentary have found perfect expression in his masterful graphic technique. Although the art of caricature has been practised for several centuries, it can be said that Macpherson has raised it to an unsurpassed degree of excellence. He has earned his rightful place in the illustrious band that includes Hogarth, Rowlandson, Gillray, Cruikshank and Daumier.

Everyone has his own personal favorite from Macpherson's rogues' gallery of memorable portraits. If the world remembers Churchill as a bulldog in Karsh's photograph, our memory of a number of Canadian politicians such as Pearson, Diefenbaker and Trudeau will likewise be coloured by Macpherson's caricatures. His images are so powerful that they have established their claim on history.

Avant-propos

Le critique américain Edmund Wilson écrivait en 1965 à propos de Duncan Macpherson : « Il n'y a aucun doute quant à moi que ses dessins originaux figureront un jour dans les galeries d'art canadiennes ». L'auteur de *O Canada: An American's Notes on Canadian Culture* a vu juste, puisque cette année le *Toronto Star* a fait don aux Archives publiques du Canada de quelque 1 220 caricatures exécutées par Macpherson entre 1959 et 1978.

Pendant plus de deux décennies, le génie de Duncan Macpherson a fait les délices de bien des lecteurs de journaux, au Canada et à l'étranger. Chez cet artiste, l'esprit acerbe et le propos politique judicieux s'allient de façon parfaite à une technique graphique qu'il maîtrise à souhait. Bien que l'art de la caricature remonte à plusieurs siècles, d'aucuns estiment que Macpherson a atteint le haut niveau d'excellence des grands maîtres. Il s'est taillé une place de choix auprès d'illustres caricaturistes tels que Hogarth, Rowlandson, Gillray, Cruikshank et Daumier.

Chacun d'entre nous affectionne l'une ou l'autre des inoubliables têtes de Turc exécutées par Macpherson. Si la mémoire de Churchill est universellement liée à la photographie de Karsh qui suggère l'image d'un bouledogue, les caricatures de Macpherson marqueront notre souvenir d'hommes politiques tels que Pearson, Diefenbaker et Trudeau. Si grande est la force de ses images que déjà l'histoire les réclame.

The historian will find in our exhibition *Daily Smile* a comic microcosm of our political world over the last twenty years. At the same time the art lover is invited to enjoy a collection of outstanding drawings. In these editorial cartoons one finds a true manifestation of twentieth-century documentary art. It is, therefore, extremely fitting that a large portion of Macpherson's original drawings have now been added to the important holdings of documentary art in the Public Archives.

Canadians can be grateful for the long partnership of *The Toronto Star* and Duncan Macpherson which has given us so much enjoyment in difficult and trying times. It is particularly gratifying that *The Toronto Star* has ensured the permanent preservation of these national treasures by donating its Macpherson collection to the Public Archives.

On behalf of the people of Canada, it is a pleasure to thank *The Toronto Star* for this precious gift, a legacy that is sure to bring a smile to the face of future generations.

Wilfred I. Smith
Dominion Archivist

L'amateur d'histoire verra dans l'exposition *Sourire quotidien* une représentation comique et microcosmique de l'univers politique des vingt dernières années. L'amateur d'art, par ailleurs, pourra priser la facture des dessins qui sont d'une qualité exceptionnelle. Ces caricatures politiques constituent une manifestation authentique de l'art documentaire du XXᵉ siècle. Il est donc particulièrement approprié qu'une grande partie des dessins originaux de Macpherson vienne agrandir le fonds imposant d'art documentaire conservé aux Archives publiques.

Les Canadiens sont heureux de cette longue association de Duncan Macpherson et du *Toronto Star* qui leur a procuré tant de plaisir en ces temps difficiles. Il faut surtout se réjouir que le *Toronto Star* se soit soucié de préserver cette richesse nationale en faisant le don de sa collection Macpherson aux Archives publiques.

Je désire enfin, au nom des citoyens du Canada, remercier le *Toronto Star* pour ce legs précieux que les nouvelles générations ne manqueront pas d'accueillir le sourire aux lèvres.

L'Archiviste fédéral,
Wilfred I. Smith

Acknowledgements

Remerciements

Our first thanks are due to Monica MacNeil, former Acquisitions Officer in the Picture Division and dedicated connoisseur of the editorial cartoon, whose initial contact with *The Toronto Star* led to the acquisition of the Macpherson Collection by the Public Archives of Canada.

Vernon Archer and Jack Brehl of *The Toronto Star*, Janet Hall of the Toronto Municipal Reference Library, Victor Russell of the City of Toronto Archives and Vivian Taylor of the Office of the Leader of the Opposition have earned our sincere gratitude for their help in identifying certain characters and in researching the more elusive news stories behind some of Macpherson's cartoons.

We are most grateful for the enthusiastic assistance of our colleagues in the Picture Division: Diane Tardif-Côté for compiling the biography and the bibliography; Jim Burant for researching several cartoons and arranging the exhibition's national tour; Paul-Henri Delvaux, Gilbert Gignac, Francine Renaud and Denys Seguin for researching the publication dates of the cartoons; Gilbert Gignac for analyzing the medium; Marc Lebel and Auguste Vachon for preparing the French versions of the background notes; Lise Gobeil for obtaining the photographs; Francine Renaud for typing the manuscript; and finally, Raymond Vézina, Chief of the Documentary Art Section, for his interest and advice, and Georges Delisle, Director of the Picture Division, for his continuous support of our work.

Nos remerciements s'adressent en premier lieu à Monica MacNeil, autrefois responsable des acquisitions à la Division de l'iconographie et connaisseur dévoué de la caricature politique. Ses premières négociations avec le *Toronto Star* ont valu aux Archives publiques du Canada l'acquisition de la collection Macpherson.

Nous savons gré à Vernon Archer et Jack Brehl du *Toronto Star*, à Janet Hall de la Bibliothèque municipale de Toronto, à Victor Russell des Archives de la ville de Toronto et à Vivian Taylor du Bureau du chef de l'opposition de nous avoir aidés à identifier certains personnages et certaines nouvelles obscures représentés dans les caricatures de Macpherson.

Nous sommes aussi redevables à nos collègues de la Division de l'iconographie de leur collaboration enthousiaste : Diane Tardif-Côté pour la préparation de la biographie et de la bibliographie ; Jim Burant pour ses recherches sur plusieurs caricatures et pour l'organisation de la tournée de l'exposition ; Paul-Henri Delvaux, Gilbert Gignac, Francine Renaud et Denys Seguin pour leurs recherches sur les dates de parution des caricatures ; Gilbert Gignac pour son analyse des médiums ; Marc Lebel et Auguste Vachon pour la préparation de la version française des notes explicatives ; Lise Gobeil pour l'obtention des photographies ; Francine Renaud pour la dactylographie du manuscrit ; et enfin, Raymond Vézina, chef de la Section d'art documentaire, pour son intérêt et ses conseils, ainsi que Georges Delisle, directeur de la Division de l'iconographie, pour son appui tout au long de notre projet.

Daily Smile

Sourire quotidien

10

The Newspaper Section of the National Library and the Federal Archives and Manuscript Divisions of the Public Archives greatly facilitated our research by allowing us to use their microfilm readers over an extended period of time. We should also like to thank Information Services, Reprography and the Translation Unit for the publication of the catalogue, as well as Exhibition Services and Picture Conservation for mounting the exhibition at the Public Archives.

Our appreciation is extended to McClelland and Stewart for allowing us to reprint the chapter on Duncan Macpherson from *The Hecklers* by Peter Desbarats and Terry Mosher. Finally, our greatest debt of gratitude must be to *The Toronto Star*, not only for granting permission to reproduce the Macpherson cartoons in this catalogue, but also for their munificent gift which has made this exhibition possible.

D.C.
D. McN.
D.S.

La Section des journaux de la Bibliothèque nationale, de même que la Division des archives fédérales et celle des manuscrits, aux Archives publiques, ont grandement facilité nos recherches en nous permettant d'utiliser longuement leurs lecteurs de microfilms. Nous tenons également à remercier les Services de l'information, le Service de la reprographie et le Service de traduction pour la publication du catalogue, tout comme les Services d'exposition et le Service de restauration des peintures et estampes pour le montage de l'exposition aux Archives publiques.

L'éditeur McClelland and Stewart mérite aussi notre reconnaissance pour nous avoir accordé l'autorisation d'utiliser le chapitre de Peter Desbarats et Terry Mosher sur Duncan Macpherson, dans *The Hecklers* (Les Casse-pieds). Qu'on nous permette enfin d'exprimer notre vive gratitude au *Toronto Star*, non seulement parce qu'il a permis la reproduction des caricatures apparaissant dans ce catalogue, mais aussi parce que, grâce à son don généreux, il a rendu possible cette exposition.

D.C.
D.McN.
D.S.

Introduction

Duncan Macpherson is the best political cartoonist that Canada has produced and he ranks among the best in the world, "head and shoulders above anybody else in North America," according to Len Norris.

In his *An American's Notes on Canadian Culture,* critic Edmund Wilson wrote that Macpherson's cartoons were the only ones, in English Canada, to contain "a high level of political satire." Wilson stated that Macpherson's work, which he compared with James Gillray's, has the power to be "fascinating quite independently of our interest in or knowledge of the happenings it commemorates."

Writing in *The New Yorker* in 1964, Wilson credited Macpherson with creating "a phantasmagoria for which the mediocre subjects themselves sometimes seem hardly adequate."

His ideas are almost always original and provocative; his technique is openly admired by other cartoonists. "He draws so bloody well," said Andy Donato of *The Toronto Sun*. "He can draw a guy, and you know exactly who it is, even if it doesn't look like the guy at all."

"He has a magnificent eye," according to Sid Barron, whose cartoons also appear in the *Star*. "The eye is not a reliable instrument until it's trained, and his eye is trained. He learned to draw."

Daily Smile

Introduction

Duncan Macpherson est le meilleur caricaturiste politique que le Canada ait produit ; il se classe même parmi les meilleurs du monde et, au dire de Len Norris, dépasse de cent coudées tous les autres Nord-Américains.

Dans son ouvrage intitulé *An American's Notes on Canadian Culture*, le critique Edmund Wilson écrivait que les caricatures de Macpherson sont les seules, au Canada anglais, à contenir une satire politique poussée. Il faisait en outre remarquer que le travail de Macpherson, comparable selon lui à celui de James Gillray, exerce sur nous une fascination certaine, quels que soient notre intérêt pour les événements représentés et nos connaissances à leur sujet.

Dès 1964, Wilson vantait dans le *New Yorker* ce pouvoir qu'a Macpherson de créer des fantasmagories dont l'envergure semble parfois trop grande pour les médiocres personnages qui les peuplent.

Les idées de Macpherson sont presque toujours originales et pleines de piquant, et les autres caricaturistes admirent ouvertement sa technique. Comme le disait Andy Donato, du *Toronto Sun*, « Il a un talent fou pour le dessin ; lorsqu'il représente quelqu'un, on sait tout de suite de qui il s'agit, même s'il n'y a aucune ressemblance avec le modèle ».

Sid Barron, dont les caricatures paraissent également dans le *Star*, soulignait pour sa part que Macpherson avait un œil extraordinaire. « L'œil n'est un instrument fiable que lorsqu'il est formé, disait-il. Macpherson a bien formé le sien ; il a appris à dessiner. »

Sourire quotidien

Macpherson himself is now "past the point of being critical of the technical side" of cartoons. Cartoons succeed or fail, in his opinion, according to "how well they get the point across."

He has been making his point, in a variety of styles but always with a recognizable touch, since he joined *The Toronto Star* in 1958. Within a few months of joining the *Star,* he produced a caricature of Prime Minister John Diefenbaker as Marie Antoinette that was regarded instantly as a classic. It has probably been reproduced more often than any other Canadian caricature.

Macpherson's virtuosity has developed over the past two decades, but his satirical approach to politics, his angry insight, and his genius for caricature were evident at the outset. Despite that, he had to be cajoled into becoming a political cartoonist.

"He was very unsure of himself," recalled Pierre Berton, who brought Macpherson to the *Star,* just as, eight years earlier, he had arranged the marriage of Len Norris and *The Vancouver Sun.* "He was a disciple of Gillray and Rowlandson and he had a real respect for the profession. He didn't think he was good enough."

Macpherson lui-même a maintenant renoncé à considérer d'un œil critique l'aspect technique de ses caricatures ; selon lui, pour qu'une caricature soit réussie, il faut d'abord qu'elle transmette un message.

Des messages, il n'a cessé d'en transmettre, dans des styles très divers mais toujours reconnaissables, depuis qu'il est entré au *Toronto Star* en 1958. Quelques mois après son arrivée au *Star*, il a réalisé une caricature du premier ministre John Diefenbaker en Marie-Antoinette, qui est devenue instantanément un classique et qui a probablement été reproduite plus souvent que toute autre caricature canadienne.

La virtuosité de Macpherson s'est développée au cours des vingt dernières années, mais sa conception satirique de la politique, sa perspicacité exaspérée et son sens inné de la caricature étaient évidents dès le début. Malgré tout, il fallut beaucoup d'insistance pour le persuader de se lancer dans la caricature politique.

« Il n'était pas du tout sûr de lui, rappelle Pierre Berton, qui amena Macpherson au *Star*, tout comme il avait arrangé huit ans auparavant l'association de Len Norris et du *Vancouver Sun*. Il était un disciple de Gillray et de Rowlandson, et avait un grand respect pour la profession ; il ne se trouvait pas assez doué. »

Macpherson had admired cartoonists for almost as long as he had wanted to draw. Born in Toronto in 1924, the only son of Scots parents, he once covered the walls and ceiling of his room with cartoons when left at home with orders to paint it.

Discouraged by his parents from attending art classes because they wanted him to enter the family textile business, Macpherson dropped out of school when he was seventeen to enlist in the Royal Canadian Air Force. He served in England in the lower ranks, packing bombs and waging a characteristic war against military discipline, including a short time in confinement for damaging cutlery during a typical outburst of temper.

The war also gave him an opportunity to take art courses in London. He remembers spending hours studying the cartoons of David Low that were hung on the walls of a room used by military personnel in the *Express* building on Fleet Street, where Low worked. Before the war ended, he had won a prize in an RCAF poster contest for drawing a stick of bombs coming out of a bomb bay.

L'admiration de Macpherson pour les caricaturistes remonte presque aussi loin que son désir de dessiner. Né à Toronto en 1924, fils unique de parents écossais, il lui arriva de couvrir de caricatures les murs et le plafond de sa chambre, un jour où on l'avait laissé seul à la maison avec l'ordre de les peindre.

Dissuadé de suivre des cours d'art (ses parents auraient en effet voulu le voir entrer dans l'entreprise familiale de textile), Macpherson quitta l'école à dix-sept ans pour s'enrôler dans l'Aviation royale canadienne. Il fut envoyé en Angleterre comme simple soldat pour empaqueter des bombes, et mena sa petite guerre personnelle contre la discipline militaire ; il passa même une brève période en réclusion pour avoir endommagé des couverts pendant un des accès de colère qui lui étaient coutumiers.

La guerre fut également pour lui une occasion de suivre des cours d'art à Londres. Il se souvient d'avoir passé des heures à étudier les caricatures de David Low, accrochées au mur d'une salle occupée par le personnel militaire, dans l'immeuble de l'*Express*, rue Fleet, où travaillait Low. Avant la fin de la guerre, il avait déjà gagné un prix lors d'un concours d'affiches organisé par l'Aviation royale canadienne, pour un dessin représentant un chapelet de bombes sortant de leur soute.

After the war, he used his veterans' credits to help finance study at the Boston Museum of Fine Art. When his father died in 1947, he tried to run the family business but soon abandoned this to continue his artistic training at the Ontario College of Art.

He was still at the college when he was given a freelance contract by the weekly *Montreal Standard* to replace the late Jimmy Frise as illustrator of the stories of Gregory Clark. Macpherson was hired by Dick Hersey, art director for the *Standard* and its successor, *Weekend,* who had seen some of Macpherson's wartime drawings in a collection in Ottawa and who had persuaded J.W. McConnell, the publisher of the *Standard,* to subsidize part of Macpherson's art studies in Boston.

The illustrations for the Clark stories caught the eye of Pierre Berton, then managing editor of *Maclean's.* Berton hired him to illustrate the humorous stories of Robert Thomas Allen and Macpherson developed a caricature of Allen, without having seen the writer, that Allen always disliked. Eventually it became the prototype of the ragged little figure who represents the average Canadian in Macpherson's newspaper cartoons.

Après la guerre, il mit à profit ses allocations d'ancien combattant pour payer ses études au *Boston Museum of Fine Art*. À la mort de son père, en 1947, il tenta de diriger l'entreprise familiale, mais abandonna bientôt ces fonctions pour continuer sa formation artistique à l'*Ontario College of Art*.

Il était encore au collège lorsqu'il obtint un contrat de pigiste à l'hebdomadaire *Montreal Standard*, pour remplacer le regretté Jimmy Frise comme illustrateur des articles de Gregory Clark. Macpherson fut engagé par Dick Hersey, directeur artistique du *Standard* et de son successeur *Weekend*, qui avait vu quelques dessins de guerre de Macpherson dans une collection outaouaise et avait persuadé l'éditeur du *Standard*, J.W. McConnell, de subventionner une partie des études artistiques de Macpherson à Boston.

Ces illustrations attirèrent l'attention de Pierre Berton, alors rédacteur-gérant du *Maclean's*, et Macpherson fut engagé pour illustrer les articles humoristiques de Robert Thomas Allen. Sans jamais avoir vu Allen, Macpherson fit une caricature de l'écrivain et ce dernier la détesta toujours, mais elle finit par devenir le prototype du petit personnage déguenillé représentant le Canadien moyen, dans les caricatures de journal de Macpherson.

A frustrated cartoonist himself, Berton recognized the gift in Macpherson. "For years on *Maclean's,* I thought he was brilliant and I was terrified that some newspaper would find him and steal him. After I joined the *Star,* I went back to him with a proposal."

Macpherson's uncertainty about taking the job was balanced by the lure of the $11,000 annual salary offered by *Star* publisher Beland Honderich. It would make Macpherson, at the start of his career, possibly the highest paid cartoonist in the country at that time.

(. . .)

Despite some initial misgivings, the *Star* soon appreciated Macpherson's quality.

"The first reaction to Macpherson's cartoons was that they were cruel," Honderich later recalled. "People had never seen this type of cartooning in Canada. They weren't prepared for it."

If so, they soon developed an appetite for it and Macpherson used his popularity to bargain for a greater degree of independence than any previous newspaper cartoonist had achieved in Canada.

Cartoonist Terry Mosher, "Aislin" of *The Gazette* in Montreal, declared years later that "Macpherson established a new ground rule for all political cartoonists to follow: Never give an editor an even break."

Berton, lui-même caricaturiste frustré, se rendait bien compte de l'immense talent de Macpherson. Il le trouvait tellement brillant que pendant des années, au *Maclean's*, il fut hanté par la pensée qu'un journal pourrait le découvrir et le lui voler. Après son entrée au *Star*, Berton retourna donc le voir pour lui proposer un poste.

Les hésitations de Macpherson au sujet de cet emploi étaient contrebalancées par la perspective alléchante du salaire annuel de $11 000 offert par l'éditeur du *Star*, Beland Honderich, salaire qui fit probablement de Macpherson, alors au début de sa carrière, le caricaturiste le mieux payé du pays à l'époque.

(. . .)

Malgré certains doutes au départ, le *Star* apprécia bientôt le talent de Macpherson.

Honderich devait plus tard rappeler que les Canadiens, qui n'avaient jamais vu de caricatures de ce genre, les trouvèrent d'abord cruelles. Très vite cependant, ils se prirent de passion pour elles, ce qui permit à Macpherson d'user de sa popularité pour obtenir une latitude plus grande qu'aucun autre caricaturiste de journal au Canada jusque-là.

Son collègue Terry Mosher, « Aislin » de la *Gazette* de Montréal, déclara beaucoup plus tard que Macpherson avait établi une nouvelle règle d'or pour les caricaturistes politiques : ne jamais concéder l'avantage au rédacteur en chef.

16

Before Macpherson, most cartoonists were part of an editorial-page team, attending meetings of the editorial board and frequently illustrating ideas suggested by others. Macpherson refused to attend editorial meetings. He succeeded in having himself recognized not merely as an illustrator of the newspaper's editorials but as a contributor to the editorial page with a measure of independence.

He claimed for himself at least the freedom enjoyed by columnists who signed their own names to their articles. This was a new approach and it has influenced many Canadian cartoonists since.

(. . .)

Whenever he is accused of cartooning viciously, Macpherson becomes defensive. "I don't think that I ever intended a cartoon to be vicious in the sense of taking a vengeful attitude personally," he has said, "but if the only way to make a point is through a pretty tough delivery . . . well, the point's going to be made."

Avant Macpherson, la plupart des caricaturistes faisaient en effet partie d'une équipe d'éditorialistes; ils assistaient aux réunions du conseil de rédaction et illustraient le plus souvent des idées suggérées par d'autres. Macpherson, lui, refusait d'assister à ces réunions. Il réussit à se faire reconnaître non pas comme un simple illustrateur des éditoriaux du journal, mais comme un collaborateur à part entière de la page éditoriale, jouissant par conséquent d'une certaine indépendance.

Il réclamait au moins la liberté accordée aux collaborateurs attitrés du journal, qui signaient leurs articles de leur propre nom. Il s'agissait là d'une optique nouvelle, qui a influencé de nombreux autres caricaturistes canadiens.

(. . .)

À ceux qui l'accusent de méchanceté, Macpherson répond pour sa défense qu'il n'a jamais dessiné consciemment une caricature malveillante, c'est-à-dire par vengeance personnelle; cependant, si le seul moyen de transmettre le message est de faire preuve d'une certaine cruauté, ce dernier doit alors en être empreint car il faut qu'il passe coûte que coûte.

The point will be made even if, on the surface, it appears to violate the cartoonist's own political opinion. Talking about the famous Marie Antoinette caricature of John Diefenbaker, Macpherson once said that, in fact, he had agreed with the political decision that inspired the cartoon: Prime Minister Diefenbaker's decision to scrap Canada's Arrow military jet and 1,500 jobs in favour of buying US aircraft.

"Even though he was correct, his attitude was wrong," Macpherson explained. "If a man is correct but his attitude is wrong, pick on his attitude."

Macpherson's initial approach to a political event is instinctive rather than intellectual, and aggressively critical. "You're a heckler, basically," he has said. "It's the same as the old political meetings when you'd hire a couple of fellows to go into the hall and raise hell."

A former classmate at the Ontario College of Art claimed years later that Macpherson's early drawings betrayed "a great dislike of the human race." Macpherson has described his critical attitude as being "against the wrongness in public life." As the Diefenbaker cartoon showed, "wrongness" isn't necessarily a moral quality. It can consist purely of Macpherson's gut reaction to a personality or situation.

Il passera, même si, en apparence, il semble en contradiction avec l'opinion politique du caricaturiste lui-même. À propos de la fameuse caricature de Diefenbaker en Marie-Antoinette, Macpherson a déjà dit qu'en fait il approuvait la décision politique qui a donné naissance à cette caricature, à savoir la décision du premier ministre Diefenbaker d'abandonner la production de l'avion militaire canadien Arrow — et par le fait même de faire disparaître 1 500 emplois — au profit d'avions américains.

« Même si Diefenbaker avait raison, de dire Macpherson, son attitude était mauvaise ; dans un cas pareil, c'est donc à l'attitude qu'il faut s'attaquer. »

La première réaction de Macpherson à un événement politique est instinctive plutôt qu'intellectuelle, et agressivement critique. Il a déjà dit que, fondamentalement, tout caricaturiste est un casse-pieds, comme les personnes qu'on engageait autrefois lors des assemblées politiques pour s'infiltrer dans la salle et faire du chahut.

Un ancien confrère de Macpherson, à l'*Ontario College of Art*, affirma bien des années plus tard que les premiers dessins de Macpherson reflétaient une grande aversion pour la race humaine. Macpherson estimait plutôt que sa critique était dirigée non pas contre l'homme, mais contre les travers de la vie publique. Comme le démontre la caricature représentant Diefenbaker, ces travers ne sont pas nécessairement d'ordre moral ; ils peuvent être simplement interprétés ainsi par Macpherson, en réaction instinctive à l'égard d'une personnalité ou d'une situation.

Recalling his hesitation in 1958 about becoming a political cartoonist, Macpherson once said, "I had no great social conscience then, and I don't now. Anything I had to say was just a personal beef."

"I don't think Macpherson has any politics except the politics of the iconoclast," Pierre Berton has stated. "He reacts, and I think he reacts from the gut, and that's the best thing for a political cartoonist to do if he's not a political scientist, and Macpherson doesn't pretend to be."

"You react to a situation," Macpherson said, "not because you're a moralist or anything like that. It's because you're a contrary sort of person, a cynic."

Macpherson often has said that he addresses himself in his cartoons to the average drinker in a Toronto tavern. In his early years on the *Star,* when editors objected to a cartoon, he would wander through the *Star* building showing the drawing to anyone that he could find, as if to demonstrate that the opinions of copy boys, pressmen and elevator operators carried as much weight as those of his editors.

En parlant de ses hésitations à devenir caricaturiste politique, en 1958, Macpherson a déjà dit qu'il n'avait alors pas beaucoup de conscience sociale, et qu'il n'en a pas davantage maintenant. Tout ce qu'il avait à dire n'était qu'une protestation personnelle.

« Je ne pense pas que Macpherson ait de sens politique, sauf celui de l'iconoclaste, a dit Pierre Berton. Il procède par réaction, d'une façon qui me semble essentiellement viscérale ; c'est la meilleure attitude pour un caricaturiste politique s'il n'est pas spécialiste en sciences politiques, ce que Macpherson ne prétend pas être. »

« Je réagis à une situation, dit Macpherson, non pas parce que je suis un moraliste ou quoi que ce soit du genre, mais parce que je suis du type raisonneur, et cynique. »

Macpherson a souvent dit que ses caricatures s'adressent au buveur moyen des tavernes torontoises. En fait, pendant ses premières années au *Star*, lorsque les rédacteurs en chef s'opposaient à l'une de ses caricatures, il parcourait l'immeuble du journal pour montrer son dessin à tous ceux qu'il rencontrait, comme pour prouver que l'opinion des coursiers, des pressiers et des garçons d'ascenseur avait autant de poids que celle des rédacteurs en chef.

Sweeping generalizations about Macpherson cartoons are risky because his work varies in style, mood and intent. Despite his professed lack of social conscience, for instance, he has produced, from time to time, moralistic cartoons on such issues as the war in Vietnam, poverty, racial discrimination, the threat of nuclear warfare, Watergate and political terrorism. These cartoons are often drawn white-on-black, the reverse of his usual technique, using a scratchboard to produce a woodcut effect. Macpherson also uses the same technique, or a heavy black line, to produce obituary portraits of public figures whom he wants to honour: Pope John XXIII, former Prime Minister Lester B. Pearson, and Martin Luther King.

(. . .)

Macpherson has never been funnier than when he caricatured John Diefenbaker in his prime. Diefenbaker became Prime Minister in 1958, the year of Macpherson's start on the *Star*. As John A. Macdonald helped to launch Bengough as a cartoonist in the nineteenth century, Diefenbaker gave Macpherson a flying start.

"I had more fun with Diefenbaker than anybody," he said. "Absolutely no restraints at all. I had him going as a wild man in my imagination and that's the way he turned out."

Il est risqué de faire des généralisations trop hâtives sur les caricatures de Macpherson parce que le style de son travail, l'esprit dans lequel il l'entreprend et la raison qui le lui fait exécuter varient beaucoup. Malgré son manque avoué de conscience sociale, par exemple, il a réalisé quelques caricatures moralistes sur des questions comme la guerre du Viêt-nam, la pauvreté, la discrimination raciale, la menace de conflit nucléaire, le Watergate et le terrorisme politique. Il trace souvent ces dessins en blanc sur noir, à l'inverse de sa technique habituelle, en se servant de papier préparé pour produire un effet de gravure sur bois. Il emploie également la même technique, ou encore un large trait noir, pour les portraits nécrologiques de personnages publics auxquels il désire rendre hommage, par exemple le pape Jean XXIII, l'ancien premier ministre Lester B. Pearson et Martin Luther King.

(. . .)

Les caricatures les plus drôles de Macpherson sont certainement celles qui représentent John Diefenbaker à ses débuts. Celui-ci devint premier ministre en 1958, l'année où Macpherson débuta au *Star*. Tout comme John A. Macdonald, au XIXᵉ siècle, avait aidé Bengough à établir sa réputation de caricaturiste, Diefenbaker donna en quelque sorte le coup d'envoi à la carrière de Macpherson.

« J'ai eu plus de plaisir à dessiner Diefenbaker que n'importe qui d'autre, disait-il. Je n'avais absolument aucune contrainte ; je l'imaginais complètement extravagant, et c'est tout à fait comme cela qu'il s'est révélé. »

Although the Marie Antoinette cartoon became the symbol of Macpherson's treatment of the Prime Minister, it was followed by an increasingly manic series of caricatures. The Prime Minister paraded across the editorial pages of the *Star* in a bewildering variety of preposterous disguises: Charles I, Nero, the Cheshire Cat, Captain Ahab, the Red Queen, and Batman. At other times, the Prime Minister was a ship's captain, a Greek god, a tattered showman reminiscent of Bengough's John A. Macdonald and even something resembling the Deity walking on a sea entitled *Election Swim,* to the astonishment of a pair of boaters: "Migawd, there he goes again."

In 1959, Macpherson was quoted in the *Star* as saying, "I've been watching Diefenbaker on TV for a long time and he has always given me the feeling of a Billy Sunday, a circus barker, and a third-rate actor, all put together."

Diefenbaker often saw himself as the central figure in a great national drama; Macpherson saw him as the crazy ringleader of a national circus. In his cartoons, over the years, the front teeth grew more prominent, the eyes wilder and the antics more berserk. Years after he had been defeated as Prime Minister, Diefenbaker continued to appear in Macpherson's cartoons, ultimately becoming a shawled pensioner with a needlepoint Union Jack in his lap telling the new Conservative leader, Joe Clark, to "run along and play."

Bien que la caricature de Marie-Antoinette soit devenue un symbole de la vision qu'avait Macpherson du premier ministre, elle fut suivie par une série d'autres, de plus en plus délirantes. C'est ainsi que les pages éditoriales du *Star* virent parader le premier ministre dans un incroyable assortiment de déguisements absurdes : Charles Ier, Néron, le chat du Cheshire, le roi Achab, la Reine rouge et Batman. À d'autres moments, le premier ministre était représenté comme un capitaine de navire, un dieu grec, un forain en guenilles — qui rappelle un peu le John A. Macdonald dessiné par Bengough — et même à l'image de Jésus marchant sur la mer électorale, au grand étonnement de deux rameurs, dont l'un s'écrie : « Mon Dieu, voilà qu'il recommence! ».

En 1959, le *Star* citait Macpherson : « Je regarde Diefenbaker à la télévision depuis longtemps, et il m'a toujours donné l'impression d'être un mélange d'évangéliste, de crieur de cirque et d'acteur de troisième zone ».

Diefenbaker se voyait souvent lui-même comme le personnage central du grand drame national ; Macpherson l'imaginait plutôt en meneur de jeu un peu fou du grand cirque canadien. Au cours des années, il lui fit dans ses caricatures des incisives de plus en plus proéminentes et des yeux de plus en plus déments, et lui prêta des bouffonneries de plus en plus grotesques. Bien des années après avoir été défait comme premier ministre, Diefenbaker continua d'ailleurs de figurer dans les caricatures de Macpherson, jusqu'à devenir une vieille dame emmitouflée dans son châle, brodant au petit point un drapeau britannique, et

Macpherson's fame rests, in part, on his ability as a caricaturist but his work shows that, occasionally, it has taken him a long time to achieve a stable caricature of a politician. On the eve of Diefenbaker's defeat as Prime Minister, Macpherson confessed that he was afraid that "if Pearson got in, I'd be lost."

"He doesn't have a good face," he said, "no excesses that a cartoonist can take apart."

Pearson's baby face was never a natural vehicle for Macpherson's zaniness but eventually he captured the rumpled and befuddled character that the Prime Minister presented to an affectionate if sometimes exasperated public. One of his typical cartoons about Pearson (and one of the few embodying another person's ideas — in this case, journalist John Brehl of the *Star)* showed Pearson as a pianist in a bordello being raided by the police. The caption: "I always wondered what they did upstairs."

With Diefenbaker's successor, Robert Stanfield, Macpherson was again working with a congenial subject. Stanfield stumbled through years of Macpherson cartoons as an emaciated Ichabod Crane character who could never get anything right.

disant au nouveau chef conservateur, Joe Clark, d'aller jouer un peu plus loin.

La réputation de Macpherson repose en partie sur son talent de caricaturiste, mais son œuvre montre qu'il lui a fallu parfois longtemps pour en arriver à une image stable d'une personnalité politique. Ainsi, à la veille de la défaite de Diefenbaker comme premier ministre, Macpherson confessait qu'il avait peur d'être totalement désorienté si Pearson était élu.

« Il n'a pas un visage intéressant, disait-il. Ses traits ne présentent aucun excès que puisse exploiter un caricaturiste. »

Macpherson, devant le visage candide de Pearson, ne fut jamais tout à fait à l'aise pour exprimer son sens naturel du ridicule, mais il finit par cerner l'image du personnage ébouriffé et un peu désorienté que le premier ministre présentait à une population parfois exaspérée, mais toujours bienveillante. Une de ses caricatures les plus célèbres de Pearson — et l'une des rares à illustrer l'idée d'une autre personne, soit, dans ce cas, le journaliste John Brehl du *Star* — montre Pearson en pianiste dans un bordel où la police vient de faire une descente. La légende se lit à peu près comme suit : « Je me suis toujours demandé ce qui se passait là-haut ».

Macpherson trouva à nouveau chez le successeur de Diefenbaker, Robert Stanfield, un sujet qui lui convenait. Pendant des années, Stanfield passa péniblement de caricature en caricature sous les traits d'un grand escogriffe émacié qui ne pouvait jamais rien faire comme il faut.

Among international figures, Macpherson was at his best with de Gaulle, whom he obviously disliked. In a 1970 cartoon, he showed de Gaulle in a typical haughty pose: "The problem with tendering my resignation is . . . I might not accept it." Presidents Lyndon Johnson and Richard Nixon were often given harsh treatment, Nixon from the moment of his election.

Macpherson was less certain about Pierre Trudeau at the outset. In 1967, he drew him as a hippie-style Minister of Justice without achieving a good caricature. The following year, after Trudeau became Prime Minister, Macpherson was still obviously struggling to focus on him. Gradually he adopted a variation of the de Gaulle treatment but rarely with the same animosity. Caricatures of Trudeau as Napoleon, Nero, Oliver Cromwell and even as the first Emperor of Canada seemed to lack both the exasperation and the grudging admiration that had animated his caricatures of Diefenbaker.

Parmi les personnages de la scène internationale, Macpherson était particulièrement à l'aise avec de Gaulle, qu'il détestait visiblement. Dans une caricature de 1970, il fait dire à de Gaulle, dont l'attitude hautaine est très caractéristique : « Le seul problème que pose ma démission, c'est que... je pourrais bien ne pas l'accepter ». Les présidents Lyndon Johnson et Richard Nixon furent souvent traités assez durement eux aussi et, dans le cas de Nixon, ce fut dès son élection.

Avec Pierre Trudeau, Macpherson fut tout d'abord hésitant. En 1967, il le dessina en ministre de la Justice hippie, sans parvenir à en faire une bonne caricature. L'année suivante, une fois Trudeau devenu premier ministre, Macpherson semblait toujours avoir de la difficulté à s'en faire une idée précise. Graduellement, il adopta une variante du traitement réservé à de Gaulle, mais rarement avec la même animosité. D'ailleurs, les caricatures de Trudeau, en Napoléon, en Néron, en Oliver Cromwell, et même en premier empereur du Canada, ne semblent pas non plus refléter l'exaspération et l'admiration forcée qui avaient animé les caricatures représentant Diefenbaker.

Macpherson's treatment of René Lévesque showed a similar uncertainty at the start, until Lévesque's political objectives became more apparent. Eventually, Macpherson adopted the device of dressing him up as a member of the 1837 Paris Commune. His supporters also were given battered top hats, tricolour rosettes and wooden clogs. Although the historical reference probably was lost on some members of Macpherson's audience, the costume exactly expressed his feeling that separatism was a ridiculously antiquated and somewhat seedy expression of Gallic radicalism.

Racial animosity in Canada is expressed almost as clearly in some of Macpherson's cartoons as it was in the work of nineteenth-century cartoonists in Canada. His caricatures of Lévesque as a Parisian revolutionary even smack of the spirit that animated Gillray in the eighteenth century. As Gillray expressed the horror and incomprehension of England at the excesses of the French Revolution, Macpherson showed the puzzlement and indignation of English Canada in the face of Quebec separatism.

Quant à René Lévesque, Macpherson sembla également incertain à son sujet à prime abord, jusqu'à ce que les objectifs politiques de Lévesque deviennent plus apparents. Finalement, Macpherson décida d'en faire un membre de la Commune de Paris, en 1837, dont les partisans arboraient eux aussi de vieux hauts-de-forme, des rosettes tricolores et des sabots de bois. Bien qu'une partie du public de Macpherson n'ait probablement pas saisi cette allusion historique, les costumes choisis reflétaient exactement l'opinion du caricaturiste : pour lui, le séparatisme était une expression un peu dépassée, pour ne pas dire ridiculement anachronique, du vieux radicalisme français.

L'animosité entre les deux groupes nationaux du Canada est évoquée presque aussi clairement dans certaines caricatures de Macpherson que dans les œuvres des caricaturistes canadiens du XIX° siècle. Dans une certaine mesure, on retrouve même dans les caricatures représentant Lévesque en révolutionnaire parisien l'esprit qui animait Gillray au XVIII° siècle. Tout comme ce dernier exprimait l'horreur et l'incompréhension de l'Angleterre vis-à-vis des excès de la Révolution française, Macpherson montrait pour sa part la perplexité et l'indignation du Canada anglais face au séparatisme québécois.

Rarely has Macpherson drawn with such apparent hatred as when he caricatured the terrorists of the 1970 October Crisis as sub-humans. Later he confessed that he was "emotionally upset" by events in Quebec at this time, not only by the terrorism but by the response of the Trudeau government. It seemed to Macpherson that implementing the War Measures Act and "calling out the troops" was a "disgusting thing." He said that it was a "Latin" response to the situation: "Trudeau is a Latin, and he called out the troops."

Racial differences of temperament may explain why Macpherson has never caricatured Trudeau with the same gleeful confidence that he showed with Diefenbaker. Diefenbaker as Marie Antoinette was hilarious; Macpherson's caricature of Trudeau as the Emperor of Canada is ominous as well as funny.

Trudeau came to power ten years after Diefenbaker was elected Prime Minister, and after Macpherson had spent ten years in his "gut-rending" job. Even a cartoonist of Macpherson's originality and skill periodically shows signs of exhaustion. At the beginning of his career, Macpherson had confidently described himself as belonging to the "elbow smash school of journalism." By 1974, he was saying that he was "at the stage now where I'm not a boat-rocker anymore."

(. . .)

Macpherson fit rarement montre d'autant de haine que lorsqu'il caricatura les terroristes de la crise d'octobre 1970, auxquels il donna une apparence bestiale. Il avoua plus tard qu'il avait été, à cette époque, profondément bouleversé par les événements du Québec, non seulement par le terrorisme lui-même, mais aussi par la réponse du gouvernement Trudeau. Macpherson trouvait qu'il était « révoltant » d'avoir proclamé la Loi sur les mesures de guerre et fait appel à l'armée. C'était là une réaction toute latine à la situation : « Trudeau étant de tempérament latin, disait-il, il est normal qu'il ait fait intervenir les troupes ».

Ces différences de tempérament entre les deux peuples expliquent peut-être pourquoi Macpherson ne caricatura jamais Trudeau avec la même confiance joyeuse que Diefenbaker. Alors que ce dernier était tout simplement hilarant en Marie-Antoinette, Trudeau en empereur du Canada est aussi inquiétant que drôle.

Trudeau arriva au pouvoir dix ans après l'élection de Diefenbaker comme premier ministre, et dix ans après les débuts de Macpherson dans un métier éreintant. Or, même un caricaturiste possédant son originalité et son talent montre périodiquement des signes d'épuisement. Au début de sa carrière, Macpherson se décrivait avec confiance comme l'adepte d'un journalisme virulent. En 1974, cependant, il affirmait en être rendu à un point où il n'était plus guère contestataire.

(. . .)

Restless within the confines of newspaper cartooning, Macpherson experimented with cartooning for television in the 1960s. Like many cartoonists, he believed for a time that the small screen should be a more compatible outlet for the graphic work of cartoonists than the editorial page of a newspaper largely devoted to print. Working with the CTV network in Toronto, he patented a process for drawing cartoons for television but the attempt came to nothing.

In one respect, however, television has been a great help to Macpherson and other cartoonists. "In the standard news photo," he said, "you get the man's head. He's frozen. You don't know how he walks. You don't know what his mannerisms are like . . . There is an attitude in every person, a dumb attitude, which is very helpful in caricature. Even though you are not going to use the whole body, if you understand how the person moves, it's a big help.

"And of course, television helps. Not so much pictorially, but you get the man's attitude verbally which provides another insight."

Caricature is the starting-point and foundation of most Macpherson cartoons. Even a static situation can be enlivened. He once said, "if you get the proper expression on the man's face — you read the sort of anti-thought or pro-thought."

Un peu à l'étroit dans les limites de la caricature de presse, Macpherson fit dans les années 1960 une expérience pour la télévision. Comme nombre de caricaturistes, il crut pendant un certain temps que le petit écran serait un media plus compatible avec son œuvre graphique que la page éditoriale d'un journal, où l'on consacre évidemment plus d'importance au texte imprimé. En collaboration avec le réseau CTV à Toronto, il fit donc breveter un procédé permettant de dessiner des caricatures pour la télévision, mais cette tentative n'eut pas de suites.

En un sens, toutefois, la télévision fut très utile à Macpherson et à d'autres caricaturistes. « Dans la majorité des photos de presse, disait-il, on ne voit que la tête des gens. Ils ne bougent pas ; on ne sait pas comment ils marchent, ni quels sont leurs tics... Chacun a cependant une attitude personnelle que je qualifierais de non verbale et qui est très précieuse dans le domaine de la caricature. Même si l'on ne dessine pas tout le corps, il est utile de comprendre comment le sujet bouge. »

« Et bien sûr, la télévision aide beaucoup. Non pas surtout du point de vue de l'image elle-même, mais bien parce qu'elle permet de connaître le sujet sous un autre angle, c'est-à-dire par son attitude verbale. »

La caricature est le fondement de la plupart des dessins de Macpherson. Tout peut être animé, même une situation statique. Il a déjà dit que, si l'on parvient à capter la véritable expression d'un visage, on peut y lire en quelque sorte une pensée négative ou positive.

Macpherson's cartoons often are also literary compositions which, in the opinion of some critics, reveal "an extraordinary ear for the comic properties of spoken and written English." He has used quotations from Swift, Burns, Lewis Carroll, William S. Gilbert, Robert W. Service and many others in his cartoons, sometimes in deformed versions to suit his purposes.

"Even more revealing," according to an essay about Macpherson in the magazine *Canadian Dimension,* "is the way he searches in offbeat literary and historical byways, always with an ear cocked for antique words and expressions. Books of magic, military manuals of yore, court proceedings, Edwin C. Guillet's books on travelling circuses — such are the curiosa he likes to ransack for verbal odds and ends.

"In this, he is a throw-back. The great comic artists of the past (and particularly Gillray and Nast) had to be literary men as well as artists . . . "

Par ailleurs, Macpherson conçoit souvent ses œuvres comme des compositions littéraires qui, selon certains critiques, révèlent une oreille extraordinaire pour les propriétés comiques de l'anglais oral et écrit. Ainsi, il a employé dans certaines caricatures des citations de Swift, de Burns, de Lewis Carroll, de William S. Gilbert, de Robert W. Service et de bien d'autres, parfois en les déformant pour les besoins de la cause.

Ce qui est encore plus révélateur, selon un essai sur Macpherson publié dans la revue *Canadian Dimension*, c'est la façon dont il épluche la littérature marginale et la petite histoire, toujours à l'affût de mots et d'expressions archaïques. Les livres de magie, les manuels militaires anciens, les archives judiciaires, les ouvrages d'Edwin C. Guillet sur les cirques ambulants, voilà le genre de curiosités où il aime fouiller pour y découvrir de petits trésors de vocabulaire.

En ce sens, son œuvre constitue un retour en arrière. Les grands artistes comiques du passé, et plus particulièrement Gillray et Nast, devaient en effet être des littéraires autant que des artistes.

The elaborate vocabulary of many Macpherson cartoons reflects and complements the abundant graphic detail in his drawings. His cartoons are lavishly theatrical. The characters in a typical Macpherson cartoon enact plots and sub-plots from carefully determined stage positions and with precise gestures and facial expressions. The entire production is costumed and designed to express the correct historical period and emotional atmosphere. This theatrical quality, with its attention to detail and almost histrionic display of the cartoonist's virtuosity, recalls cartooning of the nineteenth century. In savagery, inventiveness and painstaking elaboration of a distinctive style of cartooning, Macpherson is closer to Bengough than to most of his immediate predecessors.

His technique also relates him to the careful draughtsmanship of that other master cartoonist of the nineteenth century in Canada, Henri Julien. Bengough lacked the artistic skill of Julien; Julien didn't possess Bengough's genius for humorous invention. If the abilities of these two men had been combined in one person, he would have been the Duncan Macpherson of his time.

From *The Hecklers* by Terry Mosher and Peter Desbarats, reprinted by permission of The Canadian Publishers, McClelland and Stewart Limited, Toronto. © Copyright McClelland and Stewart Limited, 1979.

Le vocabulaire recherché d'un grand nombre des caricatures de Macpherson reflète et complète l'abondance des détails graphiques de ses dessins, dont le faste est tout à fait théâtral. Les personnages d'une caricature typique de Macpherson, dont l'attitude générale et l'expression du visage sont très précises, semblent en effet sortir d'une pièce dont l'intrigue principale et les intrigues secondaires se déroulent selon une mise en scène soigneusement orchestrée. Tous les costumes et les dessins évoquent la période historique exacte et l'ambiance émotive du moment. Par son style théâtral, son attention aux détails et son étalage presque cabotin de virtuosité technique, Macpherson rappelle les caricaturistes du XIXe siècle. Par son mordant, son esprit inventif et son élaboration laborieuse d'un style de caricature particulier, il est plus proche de Bengough que de la plupart de ses prédécesseurs immédiats.

Sa technique le rapproche aussi d'un autre grand caricaturiste canadien du XIXe siècle, Henri Julien, dont le dessin était particulièrement soigné. Bengough ne possédait pas l'habileté artistique de Julien, et ce dernier n'avait pas le don génial de Bengough pour la création humoristique. Si les talents de ces deux hommes s'étaient trouvés réunis chez un seul caricaturiste, ce dernier aurait été le Duncan Macpherson de son temps.

Tiré de *The Hecklers* de Terry Mosher et Peter Desbarats, reproduit avec l'autorisation des Canadian Publishers, McClelland and Stewart Limited, Toronto. © McClelland and Stewart Limited, 1979.

Biography

Chronologie

1924 Born 20 September in Toronto

1941 Leaves school to join the R.C.A.F.; while in England becomes acquainted with British political cartooning

1947 Death of his father; briefly takes over the family textile business

1948 Studies at the School of the Boston Museum of Fine Arts

Becomes illustrator for *The Montreal Standard*

1949 Marries Dorothy Blackhall

1950 Studies at the Ontario College of Art

1958 Joins *The Toronto Daily Star* (later renamed *The Toronto Star*)

1959 Wins for the first time the National Newspaper Award as Canada's best cartoonist

1965 Exhibits his work at the Art Gallery of Toronto

1966 Is awarded the Royal Canadian Academy of Arts medal for his distinguished work in the visual arts

1924 Naissance de Macpherson à Toronto le 20 septembre

1941 Interrompt ses études pour faire partie de l'Aviation royale canadienne; pendant son séjour en Angleterre, il se familiarise avec la caricature politique britannique

1947 Mort de son père; brève exploitation de l'entreprise de textile familiale

1948 Études à l'école du *Boston Museum of Fine Arts*

Devient graphiste au *Montreal Standard*

1949 Se marie avec Dorothy Blackhall

1950 Poursuit des études à l'*Ontario College of Art*

1958 Se joint à l'équipe du *Toronto Daily Star* (devenu plus tard *Toronto Star*)

1959 Mérite pour la première fois le *National Newspaper Award* décerné au meilleur caricaturiste canadien

1965 Exposition de ses œuvres à l'*Art Gallery of Toronto*

1966 Reçoit une médaille décernée par l'Académie royale des arts du Canada pour son travail émérite dans le domaine des arts visuels

1971 Wins $15,000 Molson Prize from the Canada Council for his outstanding contribution to the arts

1972 Wins for the sixth time the National Newspaper Award as Canada's best cartoonist

Exhibits drawings at the McMichael Canadian Collection, Kleinburg, Ontario

1973 Becomes a member of the Royal Canadian Academy of Arts

Wins the National Press Club award for outstanding service to journalism

1976 Named to the Canadian News Hall of Fame

1979 Publication of the seventeenth book of his cartoons

1980 Retires from *The Toronto Star* 15 March

1971 Le Conseil des Arts lui remet le prix Molson ($15 000) pour sa contribution exceptionnelle aux arts

1972 Mérite pour la sixième fois le *National Newspaper Award* décerné au meilleur caricaturiste canadien

Exposition de ses dessins à la *McMichael Canadian Collection*, Kleinburg (Ontario)

1973 Est reçu à l'Académie royale des arts du Canada

Reçoit le prix du Cercle national des journalistes pour la qualité de sa contribution au journalisme

1976 Élu au Temple de la renommée du journalisme canadien

1979 Publication de son dix-septième recueil de caricatures

1980 Quitte le *Toronto Star* le 15 mars

Selected Bibliography

Bibliographie sommaire

General Works on Canadian Cartooning

Allen, Robert Thomas. *A Treasury of Canadian Humour.* Toronto: McClelland and Stewart, 1967.

Bengough, John W. *A Caricature History of Canadian Politics.* 2 vols. Toronto: Grip Printing and Publishing Co., 1886.

Desbarats, Peter, and Mosher, Terry. *The Hecklers: A History of Canadian Political Cartooning and a Cartoonist's History of Canada.* Toronto: McClelland and Stewart, 1979.

Hudon, Normand. *La caricature.* Montreal: Lidec, 1967.

Lapalme, Robert. "La caricature : des figurines antiques au cartoon québécois." *Vie des Arts* 67 (Summer 1972), pp. 11-18.

Werthman, William C., and MacNutt, W. Stewart. *Canada in Cartoon: A Pictorial History of the Confederation Years 1867-1967.* Fredericton: Brunswick Press, 1967.

La caricature canadienne en général

ALLEN, Robert Thomas. *A Treasury of Canadian Humour.* McClelland and Stewart, Toronto, 1967.

BENGOUGH, John W. *A Caricature History of Canadian Politics.* Grip Printing and Publishing Co., Toronto, 1886, 2 vol.

DESBARATS, Peter et Terry MOSHER. *The Hecklers: A History of Canadian Political Cartooning and a Cartoonist's History of Canada.* McClelland and Stewart, Toronto, 1979.

HUDON, Normand. *La caricature.* Lidec, Montréal, 1967.

LAPALME, Robert. *La caricature : des figurines antiques au cartoon québécois,* dans *Vie des Arts,* n° 67 (été 1972), p. 11-18.

WERTHMAN, William C. et W. Stewart MACNUTT. *Canada in Cartoon: A Pictorial History of the Confederation Years, 1867-1967.* Brunswick Press, Fredericton, 1967.

Exhibitions of Canadian Cartoons

Art Gallery of Ontario. *Canadian Cartoon and Caricature.* Toronto: Art Gallery of Ontario, 1969.

Musée du Québec. *Je ris, tu ris, il rit, nous rions, vous riez, ils dessinent . . .* Quebec: Musée du Québec, 1976.

Public Archives of Canada. *Pictured Opinions: A Display of Editorial Cartoons.* Ottawa: Public Archives of Canada, 1973.

Winnipeg Art Gallery. *Canadian Political Cartoons.* Winnipeg: Winnipeg Art Gallery, 1977.

Works by and about Macpherson

Brehl, Jack. *Macpherson's Canada.* Toronto: *Toronto Daily Star,* 1969.

Carroll, Jock. *The Death of the Toronto Telegram and Other Newspaper Stories.* Richmond Hill: Pocket Books, 1971, pp. 159-167.

Carroll, Joy. "Duncan Macpherson: Galathumpian Political Cartoonist." *Canadian Art* 22 (January-February 1965), pp. 24-29.

"Cartooning with Duncan Macpherson." *Royal York Magazine* (January 1973), pp. 12-14.

Expositions de caricatures canadiennes

ARCHIVES PUBLIQUES DU CANADA. *L'actualité en images : exposition de caricatures politiques.* Archives publiques du Canada, Ottawa, 1973.

ART GALLERY OF ONTARIO. *Canadian Cartoon and Caricature.* Art Gallery of Ontario, Toronto, 1969.

MUSÉE DU QUÉBEC. *Je ris, tu ris, il rit, nous rions, vous riez, ils dessinent...* Musée du Québec, Québec, 1976.

WINNIPEG ART GALLERY. *Canadian Political Cartoons.* Winnipeg Art Gallery, Winnipeg, 1977.

Macpherson

BREHL, Jack. *Macpherson's Canada.* Toronto Daily Star, Toronto, 1969.

CARROLL, Jock. *The Death of the Toronto Telegram and Other Newspaper Stories.* Pocket Books, Richmond Hill, 1971, p. 159-167.

CARROLL, Joy. *Duncan Macpherson: Galathumpian Political Cartoonist,* dans *Canadian Art,* vol. 22 (janvier-février 1965), p. 24-29.

Cartooning with Duncan Macpherson, dans *Royal York Magazine,* janvier 1973, p. 12-14.

Classen, H.G. Review of *Macpherson: Editorial Cartoons 1974,* by Duncan Macpherson. *Queen's Quarterly* 82 (Autumn 1975), pp. 448-449.

Fetherling, Douglas. "The Cartoon Lampoons of Macpherson and Aislin." *Saturday Night* 91 (April 1976), pp. 66-68.

Gault, John. "What a Friend We Have in Duncan Macpherson of the Star." *Toronto Life* (June 1973), pp. 34-39.

Henry, Sarah, and Longstaff, S.A. "Macpherson: Politics Becomes Art." *Canadian Dimension* 6 (April-May 1970), pp. 27-34.

Macpherson, Duncan. *Editorial Cartoons.* 17 vols. Toronto: Toronto Star Limited, [1960?]-1979.

McNenly, Pat. "Star's Duncan Macpherson Retires." *The Toronto Star* (15 March 1980), B2.

Wilson, Edmund. *O Canada: An American's Notes on Canadian Culture.* New York: Farrar, Straus and Giroux, 1965, pp. 94-95.

CLASSEN, H.G. Compte rendu de *Macpherson: Editorial Cartoons 1974*, par Duncan Macpherson, dans *Queen's Quarterly*, vol. 82 (automne 1975), p. 448-449.

FETHERLING, Douglas. *The Cartoon Lampoons of Macpherson and Aislin*, dans *Saturday Night*, vol. 91 (avril 1976), p. 66-68.

GAULT, John. *What a Friend we Have in Duncan Macpherson of the Star*, dans *Toronto Life*, juin 1973, p. 34-39.

HENRY, Sarah et S.A. LONGSTAFF. *Macpherson: Politics Becomes Arts*, dans *Canadian Dimension*, vol. 6 (avril-mai 1970), p. 27-34.

MACPHERSON, Duncan. *Editorial Cartoons*. Toronto Star Limited, Toronto, [1960?] — 1979, 17 vol.

MCNENLY, Pat. *Star's Duncan Macpherson Retires*, dans *The Toronto Star*, 15 mars 1980, p. B2.

WILSON, Edmund. *O Canada: An American's Notes on Canadian Culture*. Farrar, Straus and Giroux, New York, 1965, p. 94-95.

Catalogue

Explanatory Notes

In the following catalogue, the titles of the cartoons derive from the captions as published in *The Toronto Star*. If no caption appears under a cartoon, the title was usually chosen from words within the drawing itself. When no such words were either present or suitable, a title was assigned, prefixed with "Untitled."

The date of publication is given for each cartoon.

All works are drawn on white illustration board unless otherwise described.

The dimensions represent the image size in millimetres, height preceding width.

Of the various inscriptions found on the cartoons, only the signature has been noted. Its form is usually "Macpherson" until 1961 and "Macpherson TORONTO STAR" from 1962 on.

Under certain restrictions imposed by the copyright holder, *The Toronto Star,* black and white photographs may be purchased from the Public Archives by quoting the negative number (for example, C 112579).

Notes explicatives

Les titres des caricatures de ce catalogue proviennent des légendes publiées dans le *Toronto Star*. Si la caricature a été publiée sans légende, l'inscription accompagnant le dessin a servi à titrer la caricature. Dans le cas de caricatures muettes ou dont les termes sont peu appropriés, on a créé un titre et on l'a fait précéder de l'expression « Sans titre ».

Le catalogue précise la date de publication de chacune des caricatures reproduites.

Toutes les œuvres ont été dessinées, sauf indication contraire, sur un carton blanc.

Les dimensions sont données en millimètres, la hauteur précédant la largeur.

Parmi les inscriptions présentes dans la caricature, seule la signature est indiquée dans le catalogue. C'est d'habitude « Macpherson » jusqu'en 1961 et « Macpherson TORONTO STAR » depuis 1962.

On peut néanmoins se procurer des photographies en noir et blanc des œuvres présentées dans ce catalogue en communiquant avec les Archives publiques du Canada et en donnant le numéro du négatif (p. ex. : C 112579). Notons toutefois que le *Toronto Star* est le détenteur des droits d'auteur et qu'il impose certaines restrictions quant à la reproduction de ces caricatures.

The notes accompanying each drawing are divided into two main parts: a list of characters identified, when possible, by name and title, followed by a short paragraph describing the historical context of the event or issue depicted. The following sources were consulted to research the notes:

Canadian Annual Review of Politics and Public Affairs. Edited by John T. Saywell. Toronto: University of Toronto Press, 1960 — (published annually).

Canadian News Facts: the Indexed Digest of Canadian Current Events. Toronto: Marpep Publishing Ltd., 1967 — (published twice monthly).

Facts on File: Weekly News Digest with Index. New York: Facts on File, Inc., 1940 — (published weekly).

The Toronto Star.

Abbreviations:

c.l.	centre left	**l.r.**	lower right
l.c.	lower centre	**u.l.**	upper left
l.l.	lower left	**u.r.**	upper right

Les notes qui accompagnent les dessins comprennent en première partie l'énumération des noms des personnalités que l'on peut identifier avec leurs titres respectifs et en deuxième partie un bref paragraphe relatant le contexte historique entourant les événements représentés. La consultation des sources bibliographiques suivantes a permis de rédiger ces commentaires explicatifs :

Canadian Annual Review of Politics and Public Affairs. Édité par John T. Saywell. Presses de l'université de Toronto, Toronto, 1960— (publication annuelle).

Canadian News Facts: the Indexed Digest of Canadian Current Events. Marpep Publishing Ltd., Toronto, 1967— (publication bimensuelle).

Facts on File: Weekly News Digest with Index. Facts on File, Inc., New York, 1940— (publication hebdomadaire).

The Toronto Star.

Notons enfin que, pour les caricatures elles-mêmes, la version française des inscriptions majeures (qui ne sont pas déjà traduites dans le titre ou le texte) apparaîtra au bas de la page explicative accompagnant chaque caricature. Chacune de ces traductions sera précédée de l'abréviation suivante : *V.f.* pour version française.

Autres abréviations :

b.c.	en bas au centre	**c.g.**	au centre à gauche
b.d.	en bas à droite	**h.d.**	en haut à droite
b.g.	en bas à gauche	**h.g.**	en haut à gauche

National Leaders

Les chefs nationaux

I

1

"Then Let Them Eat Wheat"

1 October 1971
Pen, brush and India ink over pencil
422 × 423
Signed l.r.
C 112579

Pierre Elliott Trudeau, Prime Minister

In August 1971, the Trudeau government withheld the required $62 million payment to the Canadian Wheat Board in anticipation of the passage of a *Temporary Wheat Reserves Act*. The opposition parties heavily criticized the government for contempt of the existing law and decided, on September 29, to stall debate on all other House of Commons business unless the proposed new bill was amended. The government withdrew the bill on October 13.

« Eh bien! Qu'ils mangent du blé! »

1er octobre 1971
Plume, pinceau et encre de Chine sur crayon
422 × 423
Signé b.d.
C 112579

Pierre Elliott Trudeau, premier ministre

En août 1971, le gouvernement Trudeau refusait d'allouer la somme de 62 millions de dollars requise par la Commission canadienne du blé, parce qu'il escomptait faire adopter une nouvelle loi sur les réserves de blé. Les partis de l'opposition critiquèrent sévèrement le gouvernement à ce sujet en alléguant qu'on méprisait la loi existante et décidèrent le 29 septembre de ralentir les travaux de la chambre tant que le projet de loi proposé ne serait pas modifié. Le gouvernement le retira le 13 octobre.

"The State, c'est moi"

21 March 1978
Pen, brush and India ink over pencil
390 × 388
Signed l.l.
C 112617

Pierre Elliott Trudeau, Prime Minister

Charges were laid in March of 1976 against Peter Treu for violating the *Official Secrets Act*. Treu was charged under subsection 3(1) of the Act, which states that: "Every person is guilty of an offence under this Act who, for any purpose prejudicial to the safety or interests of the State . . . obtains, collects, records, or publishes, or communicates to any other person any . . . document or information that is . . . useful to a foreign power." The secrecy of the trial became a controversial issue in Parliament. Treu was later convicted on April 28, 1978. The imperial regalia and the rose are Trudeau's usual accoutrements in Macpherson's cartoons.

« L'État, c'est moi »

21 mars 1978
Plume, pinceau et encre de Chine sur crayon
390 × 388
Signé b.g.
C 112617

Pierre Elliott Trudeau, premier ministre

En mars 1976, Peter Treu fut accusé d'avoir violé la Loi sur les secrets officiels. La Couronne s'appuyait sur le paragraphe 3(1) de la loi qui déclare : « Est coupable d'infraction à la présente loi quiconque, dans un dessein nuisible à la sécurité ou aux intérêts de l'État... obtient, recueille, enregistre, publie ou communique à une autre personne... un document ou renseignement propre ou destiné à aider... une puissance étrangère ». Le fait que le procès se tint à huis clos suscita une controverse au Parlement. Le 28 avril 1978, le tribunal reconnut Treu coupable. Macpherson représente habituellement Trudeau dans une tenue impériale et avec une rose à la main.

V.f., b.d. : *Loi sur les secrets officiels — Loi stipulant qu'aucun citoyen ne doit entretenir de dessein nuisible aux intérêts de l'État.*

2

Tardy Bunny

3

19 April 1960
Brush and India ink over pencil,
with dot letratone
441 × 303
Signed l.c.
C 112580

John Diefenbaker, Prime Minister

John Diefenbaker's Progressive Conservatives held the majority of seats in the Parliament which opened on January 14, 1960. The first debate, on the throne speech, lasted for several weeks. A bill to abolish capital punishment was introduced on February 18, debated for two days, and later withdrawn. In March, fierce but inconclusive debates were held on the unemployment crisis and defence policy. The budget debate began on March 31. Diefenbaker refused to allow a debate on the South African apartheid policy until mid-April, when he announced that the issue would be discussed after the Easter recess. Parliament recessed on April 13. The expected amendments to the *Combines Investigation Act* were not introduced until May, and the long awaited Bill of Rights was not introduced until July.

Un lapin de Pâques en retard

19 avril 1960
Pinceau et encre de Chine sur crayon,
avec letratone en point
441 × 303
Signé b.c.
C 112580

John Diefenbaker, premier ministre

Les progressistes-conservateurs de John Diefenbaker détenaient la majorité des sièges au Parlement lors de son ouverture le 14 janvier 1960. Le premier débat sur le discours du trône dura plusieurs semaines. Un projet de loi sur l'abolition de la peine de mort fut discuté pendant deux jours, puis retiré. En mars, d'âpres débats (sans conclusion) eurent lieu sur la crise du chômage et la politique de défense. Le débat sur le budget commença le 31 mars. Diefenbaker refusa qu'il y ait débat sur la politique d'apartheid en Afrique du Sud avant la mi-avril. Puis il décida de le remettre à la reprise des travaux après le congé de Pâques qui commençait le 13 avril. Les amendements prévus à la Loi relative aux enquêtes sur les coalitions ne furent présentés qu'en mai, et la Déclaration des droits, attendue depuis longtemps, ne fut présentée qu'en juillet.

V.f., **sur les œufs** : *Projet de loi visant à faciliter l'admissibilité aux pensions, Déclaration des droits, Projet de loi visant à abolir la peine de mort, Modification de la Loi sur les coalitions, Enquête sur la défense, Protestation contre l'apartheid, Partage fiscal fédéral-provincial, Commission Hoover*

4

6 July 1960
Pen, brush and India ink over pencil, with
dot letratone and pencil shading
547 × 257
Signed l.r.
C 112611

6 juillet 1960
Plume, pinceau et encre de Chine sur crayon,
ombré au crayon, avec letratone en point
547 × 257
Signé b.d.
C 112611

John Diefenbaker, Prime Minister; Sir John A. Macdonald, Chief Architect of Confederation

On July 1, 1960, John Diefenbaker introduced the Bill of Rights in the House of
Commons. The opposition parties criticized
the Bill for its limited application and the fact
that it was not entrenched as a constitutional
amendment. Nonetheless, the *Canadian
Bill of Rights* was approved unanimously on
August 4.

John Diefenbaker, premier ministre; Sir John A. Macdonald, père de la Confédération

Le 1ᵉʳ juillet 1960, John Diefenbaker déposa
en chambre une Déclaration des droits que
les partis de l'opposition critiquèrent en lui
reprochant sa portée limitée. On aurait
voulu aussi qu'elle soit inscrite comme
amendement à la constitution. Néanmoins,
la Déclaration canadienne des droits fut
approuvée à l'unanimité le 4 août.

***V.f.*, dans le bec** : *Déclaration des droits de Diefen-
baker ;* **sur le rouleau** : *Acte de l'Amérique du Nord
britannique*

5

26 September 1962
Pen, brush and India ink over pencil
282 × 313
Signed l.r.
C 112628

26 septembre 1962
Plume, pinceau et encre de Chine sur crayon
282 × 313
Signé b.d.
C 112628

John Diefenbaker, Prime Minister; Réal Caouette, Associate Leader of the Social Credit Party

In the election held on June 18, 1962, the Progressive Conservatives lost their majority in the House of Commons. The results left the Social Credit Party holding the balance of power. Major differences between the Social Credit leader, Robert Thompson, and Réal Caouette became apparent in August when Thompson said he "would not precipitate things because it would be wrong to have an election," and Caouette said he was ready "to precipitate the worst crisis ever seen in the House of Commons." On September 25, Thompson and Caouette announced that the Social Credit members could have a free vote on all but essential issues. Parliament opened on the 27th.

John Diefenbaker, premier ministre ; Réal Caouette, chef adjoint du parti du crédit social

Aux élections du 18 juin 1962, les progressistes-conservateurs perdirent leur majorité à la Chambre des communes. Les résultats accordèrent la balance du pouvoir au parti du crédit social. D'importantes divergences de vue entre le chef du parti, Robert Thompson, et Réal Caouette devinrent évidentes lorsqu'en août Thompson déclara « qu'il ne chercherait pas à précipiter les événements parce qu'il serait mauvais d'avoir des élections » et que Caouette affirma qu'il était prêt « à provoquer la pire crise jamais vue à la Chambre des communes ». Le 25 septembre, Thompson et Caouette annonçaient que les députés créditistes pourraient voter selon leur conscience sur toutes les questions non essentielles. Les travaux du Parlement commencèrent le 27.

V.f., sur le bonnet : *Créditistes*

Off the Protected List

23 May 1963
Brush and India ink over pencil,
with pencil shading
305 × 307
Signed l.r.
C 112610

John Diefenbaker, Leader of the Progressive Conservative Party; Lester Pearson, Prime Minister

John Diefenbaker's Conservative government had been defeated in the House of Commons on February 5, 1963, in a vote of no confidence over the issue of national defence policy. The election, fought primarily on the nuclear arms issue, was held on April 8. Lester Pearson, advocating the introduction of nuclear arms, won a minority of the seats and formed a government with the support of the Social Credit Party. On May 21, the House of Commons defeated a vote of no confidence in Pearson's government, over the nuclear arms issue, by a 124-113 vote. The government later announced the new Canada-U.S. defence agreements, accepting nuclear warheads, on August 18 and October 9.

Finie la protection!

23 mai 1963
Pinceau et encre de Chine sur crayon,
ombré au crayon
305 × 307
Signé b.d.
C 112610

John Diefenbaker, chef du parti progressiste-conservateur; Lester Pearson, premier ministre

Le gouvernement conservateur de John Diefenbaker avait été défait à la Chambre des communes le 5 février 1963 à la suite d'un vote de non-confiance à propos de la politique nationale de défense. Les élections, surtout centrées sur la question des armements nucléaires, eurent lieu le 8 avril. Lester Pearson, qui favorisait l'introduction au pays de tels armements, remporta l'élection avec une minorité de sièges et forma un gouvernement avec l'aide du parti du crédit social. Le 21 mai, la Chambre des communes rejetait, par un vote de 124 à 113, une motion de non-confiance dirigée contre le gouvernement Pearson au sujet des armements nucléaires. Le gouvernement annonça plus tard les nouveaux accords survenus entre le Canada et les États-Unis au sujet de la défense militaire et accepta l'entrée au pays le 18 août et le 9 octobre de missiles à ogives nucléaires.

V.f., **sur la pancarte** : *Avis fédéral d'éviction;* **sur l'ogive** : *Armes nucléaires*

"Scat!"

« Fichez le camp! »

7

30 November 1965
Pen, brush and India ink over pencil,
with pencil shading, on pebbled paper
350 × 348
Signed l.r.
C 113628

30 novembre 1965
Plume, pinceau et encre de Chine sur crayon,
ombré au crayon, sur papier à grain fort
350 × 348
Signé b.d.
C 113628

Lester Pearson, Prime Minister

Lester Pearson, premier ministre

Throughout 1965, scandals had followed the Liberal government of Prime Minister Pearson. The Dorion Report was released on June 28, but it failed to clear several Liberal cabinet ministers who were indirectly involved in charges of obstructing the course of justice. The Liberals felt that their political record outweighed the taints of scandal and called an election for November 8 in order to win a majority. Several more accusations were made during the campaign, and although they were proven groundless, the Liberals' image suffered and they failed to win their majority. On November 22, Pearson announced that he would restructure the cabinet in December. He left for a twenty-day holiday in the Caribbean on November 28. The albatross follows Pearson in most of Macpherson's cartoons of the Prime Minister.

Tout au long de l'année 1965, des scandales embêtèrent le gouvernement libéral du premier ministre Pearson. Le Rapport Dorion, rendu public le 28 juin, ne parvint pas à blanchir plusieurs ministres libéraux qui avaient essayé indirectement d'entraver le cours de la justice. Toutefois, croyant que leurs réalisations pesaient plus lourd dans l'opinion publique que ces éclaboussures, les libéraux déclenchèrent des élections générales dont ils espéraient tirer un gouvernement majoritaire. De nouvelles accusations furent lancées pendant la campagne et, bien qu'elles fussent dénuées de fondement, la cause libérale en souffrit. Au soir du 8 novembre, la majorité espérée n'avait pas été atteinte. Pearson annonça le 22 novembre qu'il formerait son cabinet en décembre. Le 28 novembre, il s'envola pour des vacances de vingt jours dans les Caraïbes.

Un albatros accompagne Pearson sur la plupart des caricatures de Macpherson qui le dépeignent.

V.f., dans l'ombre : *Scandale*

Untitled: Disappearing Act

8

11 February 1970
Pen, brush and India ink over pencil,
with grey wash
333 × 333
Signed l.r.
C 112575

**Robert Stanfield, Leader of the
Progressive Conservative Party**

Robert Stanfield was plagued by a pale
public image as leader of the Progressive
Conservatives. The media frequently
reminded the public of the incident at the
P.C. leadership convention on September
10, 1967, when Stanfield was interviewed
while eating a banana. In Macpherson's
drawings, the banana is Mr. Stanfield's
personal symbol.

Sans titre : L'art de disparaître

11 février 1970
Plume, pinceau et encre de Chine sur
crayon, au lavis gris
333 × 333
Signé b.d.
C 112575

**Robert Stanfield, chef du parti progres-
siste-conservateur**

Robert Stanfield souffrit d'une image pâlotte
comme chef du parti progressiste-
conservateur. Les media rappelèrent
souvent la scène du 10 septembre 1967,
lorsque, à la convention pour la chefferie
du parti progressiste-conservateur, l'on vit
Stanfield manger une banane pendant une
entrevue. Depuis, Macpherson a souvent
représenté M. Stanfield avec une banane.

9

3 July 1974
Pen, brush and India ink over pencil,
with pasted photographs for the flower
306 × 357
Signed l.r.
C 112571

3 juillet 1974
Plume, pinceau et encre de Chine sur crayon,
fleur composée de photographies collées
306 × 357
Signé b.d.
C 112571

**David Lewis, Leader of the New
Democratic Party; Pierre Elliott
Trudeau, Prime Minister; Robert
Stanfield, Leader of the Progressive
Conservative Party**

The minority Liberal government, which
had been supported by the New Democratic
Party since its election in October 1972, was
defeated on its budget in May 1974 and an
election called for July 8. The N.D.P. won
16 of the 264 seats.

**David Lewis, chef du nouveau parti
démocratique ; Pierre Elliott Trudeau,
premier ministre ; Robert Stanfield,
chef du parti progressiste–conservateur**

Le gouvernement libéral minoritaire, qui
avait reçu l'appui du nouveau parti démocratique depuis son élection d'octobre 1972,
fut renversé en mai 1974 au cours du débat
sur le budget. On fixa la date des élections
au 8 juillet. Le N.P.D. remporta 16 des 264
sièges.

The Leaders 2: Stanfield's
Polar Expedition

4 July 1974
Pen, brush and India ink over pencil,
with yellow and brown wash
300 × 328
Signed l.r.
C 112591

Les chefs (n° 2) : Expédition
polaire de Stanfield

4 juillet 1974
Plume, pinceau et encre de Chine sur
crayon, au lavis jaune et brun
300 × 328
Signé b.d.
C 112591

**Robert Stanfield, Leader of the
Progressive Conservative Party**

Robert Stanfield campaigned vigorously for
the July 8 election on the platform of implementing wage and price controls to curb
inflation. His party won 95 of the 264 seats.
The Trudeau government later implemented
the controls.

**Robert Stanfield, chef du parti
progressiste–conservateur**

Robert Stanfield, dans une vigoureuse
campagne électorale en vue des élections
du 8 juillet, favorisa l'implantation du contrôle des prix et des salaires pour brider
l'inflation. Son parti n'obtint que 95 des 265
sièges. Le gouvernement Trudeau appliqua
ce contrôle plus tard.

V.f., **sur l'affiche** : *Expédition polaire de Stanfield
(via Ottawa), Prix — Salaires, Enrôlez-vous maintenant ;* **sur la manche** : *Votez pour Diefenbaker ;*
sur la boîte de conserve : *Rations militaires
surgelées*

The Leaders 3: "Is This Trip Really Necessary?"

5 July 1974
Pen, brush and India ink over pencil
303 × 332
Signed c.l.
C 113182

Pierre Elliott Trudeau, Prime Minister; Senator Keith Davey, Co-chairman of the Liberal election campaign

In the Gallup poll released on June 15, 1974, the Liberals were given 42% of the vote, the Conservatives 34%, the N.D.P. 18% and other parties 6%. The election on July 8 was considered a major personal victory for Trudeau as no other Canadian prime minister had ever won a majority in Parliament after having led a minority government without first being out of office. The Liberals won 141 of the 264 seats.

Les chefs (n° 3) : « Ce voyage est-il vraiment nécessaire? »

5 juillet 1974
Plume, pinceau et encre de Chine sur crayon
303 × 332
Signé c.g.
C 113182

Pierre Elliott Trudeau, premier ministre; Keith Davey, sénateur et co-président de la campagne électorale libérale

Le sondage Gallup du 15 juin 1974 répartissait le vote de la façon suivante : libéraux, 42 %; conservateurs, 34 %; néo-démocrates, 18 %; et autres formations, 6 %. Lors des élections, le 8 juillet, les libéraux remportèrent 141 des 264 sièges. Ce résultat fut considéré comme une victoire personnelle de Trudeau. C'était la première fois au Canada qu'un premier ministre à la tête d'un gouvernement minoritaire obtenait, après des élections, une nette majorité.

V.f., **sur le carrosse** : *Élection;* **sur le sac** : *Promesses, Promesses;* **sur la proclamation** : *Édit*

12

"This Secrecy Has Got to Stop, Pierre"

4 May 1976
Pen, brush and India ink over pencil
334 × 359
Signed l.r.
C 112607

Joe Clark, Leader of the Progressive Conservative Party; Pierre Elliott Trudeau, Prime Minister

Joe Clark, at age thirty-six, was elected leader of the Progressive Conservative Party on February 22, 1976, winning the nomination on the fourth ballot over ten other candidates. In his first months as leader, he made repeated complaints about government secrecy. The skateboard is Macpherson's personal symbol for Joe Clark.

« Assez de cachotteries, Pierre! »

4 mai 1976
Plume, pinceau et encre de Chine sur crayon
334 × 359
Signé b.d.
C 112607

Joe Clark, chef du parti progressiste–conservateur ; Pierre Elliott Trudeau, premier ministre

Le 22 février 1976, alors qu'il n'était âgé que de trente-six ans, Joe Clark était élu chef du parti progressiste–conservateur. C'est au quatrième tour du scrutin qu'il fut désigné et qu'il l'emporta ainsi sur dix autres candidats. Durant ses premiers mois à la tête du parti, Clark se plaignit à maintes reprises de la façon secrète qu'avait le gouvernement de mener les affaires publiques.

Macpherson représente souvent Joe Clark avec un rouli-roulant.

V.f. : 1. « Assez de cachotteries, Pierre! », 2. « Ouvre! Je sais que tu es là, à comploter. », 3. « Fais-toi une raison, Pierre, il y a bel et bien un nouveau premier ministre. », 4. « Oui, mon petit? » — « S'il vous plaît...» ; **sur le coffre-fort** *: Gouvernement ;* **sur le carnet** *: Autographes*

"Wanna Race?"

« On fait une course? »

13

6 January 1977
Brush and India ink over pencil
348 × 393
Signed l.r.
C 112605

6 janvier 1977
Pinceau et encre de Chine sur crayon
348 × 393
Signé b.d.
C 112605

Pierre Elliott Trudeau, Prime Minister; Joe Clark, Leader of the Progressive Conservative Party

The results of the Gallup poll, released on January 5, 1977, showed that support for the Progressive Conservatives had grown by 7 percentage points to 47% of the decided voters. In contrast, the Liberals fell to only 33%. The reason given for the Conservatives' popularity was an increased support in Quebec following the November election of the Parti Québécois.

Pierre Elliott Trudeau, premier ministre; Joe Clark, chef du parti progressiste-conservateur

Les résultats du sondage Gallup, révélés le 5 janvier 1977, montrèrent que l'appui en faveur du parti progressiste-conservateur avait gagné 7 % des points et s'élevait à 47 % des votants qui avaient fait leur choix. Par contraste, l'appui en faveur du parti libéral était tombé à 33 %. On expliquait l'accroissement de la popularité des conservateurs au Québec par l'élection du parti québécois au mois de novembre précédent.

V.f., **sur le rouli-roulant** : *Sondage Gallup*

Robert Thompson

Robert Thompson

14

13 June 1962
Pen, brush and India ink over pencil
281 × 297
Signed l.r.
C 112567

13 juin 1962
Plume, pinceau et encre de Chine sur crayon
281 × 297
Signé b.d.
C 112567

W.A.C. Bennett, Leader of the British Columbia Social Credit Party; Robert Thompson, Leader of the Social Credit Party; Réal Caouette, Associate Leader of the Social Credit Party

The Social Credit Party was the centre of attention in the final days before the election on June 18, 1962. It became evident that the Social Credit Party would win a large number of seats in Quebec. Both Conservatives and Liberals stopped their attacks on each other and made appeals against the Social Credit policies.

W.A.C. Bennett, chef du parti du crédit social en Colombie-Britannique; Robert Thompson, chef du parti du crédit social au Canada; Réal Caouette, chef adjoint du parti du crédit social au Canada.

Le parti du crédit social retint l'attention durant les derniers jours de la campagne précédant l'élection du 18 juin 1962. Il devint évident que ce parti ferait des gains importants au Québec. Conservateurs et libéraux interrompirent leur lutte pour se tourner contre le crédit social et en dénoncer les politiques.

V.f., **sur la presse** : *Crédit social;* **sur les billets de banque** : *(éclats de rire)*

"Will the Real Caouette Please Stand Up?"

29 March 1963
Pen, brush and India ink over pencil
219 × 252
Signed l.r.
C 112573

15

Réal Caouette, Associate Leader of the Social Credit Party

Réal Caouette drew large audiences in his campaign for the election on April 18, 1963. Caouette declared that he would return all direct taxation to the provinces; he maintained that the Socreds were the only party which stood for Canada for Canadians and Quebec for the Canadiens; and he supported the Social Credit program of welfare dividends.

« Que le vrai Caouette se lève! »

29 mars 1963
Plume, pinceau et encre de Chine sur crayon
219 × 252
Signé b.d.
C 112573

Réal Caouette, chef adjoint du parti du crédit social

Réal Caouette attira un public nombreux lors de sa campagne pour l'élection du 18 avril 1963. Il déclara qu'il remettrait toutes les contributions directes aux provinces; il affirma que son parti était le seul à représenter le Canada pour les *Canadians* et le Québec pour les Canadiens; il appuya le programme du crédit social en faveur de la distribution de dividendes publics.

MacPherson TORONTO STAR

T.C. Douglas

T.C. Douglas

14 June 1962
Pen, brush and India ink over pencil
340 × 333
Signed l.r.
C 112621

14 juin 1962
Plume, pinceau et encre de Chine sur crayon
340 × 333
Signé b.d.
C 112621

16

T.C. Douglas, Leader of the New Democratic Party

As Premier of Saskatchewan, Tommy Douglas successfully introduced the first medical care insurance program. In the federal election of June 18, 1962, Douglas ran as a candidate for the Regina City riding. He was defeated in that election, but won the Burnaby-Coquitlam by-election on October 22, following the resignation of Erhart Regier.

T.C. Douglas, chef du nouveau parti démocratique

À titre de premier ministre de la Saskatchewan, Tommy Douglas fit adopter la première législation au Canada en matière d'assurance-maladie. Lors de l'élection fédérale du 18 juin 1962, Douglas, qui était candidat dans la circonscription de Regina, fut défait. Il remporta l'élection complémentaire tenue le 22 octobre dans la circonscription de Burnaby-Coquitlam, à la suite de la démission d'Erhart Regier.

V.f., sur la banderole : *En avant, pour Ottawa!*; **sur la cuirasse** : *N.P.D.*

To-morrow, To-morrow and To-morrow

8 July 1975
Pen, brush and India ink over pencil, with yellow and brown wash and black chalk (or pencil?) shading
316 × 330
Signed l.r.
C 113146

Ed Broadbent, Leader of the New Democratic Party

At its national convention in Ottawa on July 7, 1975, the New Democratic Party elected Ed Broadbent, its caucus chairman, as leader of the party. Broadbent succeeded David Lewis, who had announced his retirement from politics following his surprise defeat in the Toronto riding of York South in the 1974 federal election.

Demain, demain, toujours demain

8 juillet 1975
Plume, pinceau et encre de Chine sur crayon, au lavis jaune et brun, ombré à la craie noire (ou au crayon?)
316 × 330
Signé b.d.
C 113146

Ed Broadbent, chef du nouveau parti démocratique

Au cours de son congrès national tenu à Ottawa le 7 juillet 1975, le N.P.D. élisait Ed Broadbent, président du caucus, comme chef du parti. Il succédait à David Lewis, qui se retirait de la scène politique à la suite de sa défaite surprenante dans la circonscription torontoise de York-Sud, lors de l'élection fédérale de 1974.

V.f., **sur la bandoulière** : *Direction du N.P.D.*

"Promises, Promises. I Want a Pipeline Guarantee!"

27 February 1978
Brush and India ink over pencil,
with green wash
298 × 289
Signed l.r.
C 112583

18

Ed Broadbent, Leader of the New Democratic Party

On February 3, 1978, the Liberal government introduced legislation permitting the construction of the Alaska Highway natural gas pipeline. Ed Broadbent demanded guarantees in the legislation that Canadian industry and workers would get a clear preference. The criticism continued after the government announced a decision on February 20 to use fifty-six-inch low pressure piping. Broadbent said the decision would allow wider foreign competition for the pipeline business. The legislation was approved in principle on February 23 after the defeat of an N.D.P. amendment to send the bill to committee for the addition of minimum Canadian participation guarantees.

« Des promesses, toujours des promesses... il me faut des garanties pour mon pipe-line! »

27 février 1978
Pinceau et encre de Chine sur crayon, au lavis vert
298 × 289
Signé b.d.
C 112583

Ed Broadbent, chef du nouveau parti démocratique

Le 3 février 1978, le gouvernement fédéral présenta un projet de loi autorisant la construction d'un gazoduc le long de la route de l'Alaska. Ed Broadbent demanda qu'on introduisît dans le projet de loi des garanties suivant lesquelles l'industrie canadienne et les travailleurs canadiens obtiendraient la préférence absolue. La critique se poursuivit après que le gouvernement eut annoncé sa décision, le 20 février, d'utiliser une canalisation à basse pression de 56 pouces. Broadbent fit remarquer que la décision donnerait lieu à une concurrence étrangère plus forte pour l'entreprise du gazoduc. On approuva la loi en principe, le 23 février, après la défaite de l'amendement du N.P.D. qui demandait qu'on renvoyât le projet de loi en comité pour que soient insérées des garanties minimales de participation canadienne.

V.f., sur le bonnet : N.P.D.

19

"Who Sez the N.D.P. Is the Tool of the Ruling Class?"

14 December 1978
Brush and India ink over pencil
328 × 357
Signed l.l.
C 112578

« Qui a osé dire que le N.P.D. était le pantin de la classe dirigeante? »

14 décembre 1978
Pinceau et encre de Chine sur crayon
328 × 357
Signé b.g.
C 112578

Edward Schreyer, Governor General; Pierre Elliott Trudeau, Prime Minister

The appointment of Edward Schreyer as the 22nd Governor General of Canada was approved by Queen Elizabeth II on December 7, 1978. Schreyer was the leader of the Manitoba New Democratic Party and had been premier of Manitoba from 1969 until 1977.

Edward Schreyer, gouverneur général; Pierre Elliott Trudeau, premier ministre

La reine Élisabeth II approuva, le 7 décembre 1978, la nomination d'Edward Schreyer au poste de vingt-deuxième gouverneur général du Canada. Schreyer était auparavant le chef du N.P.D. au Manitoba. Il avait été aussi premier ministre de cette province de 1969 à 1977.

National Parties II

Les partis nationaux

L'équipe Pearson

20

4 January 1966
Pen, brush and India ink over pencil
305 × 305
Signed l.r.
C 112563

4 janvier 1966
Plume, pinceau et encre de Chine sur crayon
305 × 305
Signé b.d.
C 112563

Lester Pearson, Prime Minister; Paul Martin, Secretary of State for External Affairs; Robert Winters, Minister of Trade and Commerce; Jack Pickersgill, Minister of Transport; Mitchell Sharp, Minister of Finance; Guy Favreau, President of the Privy Council

On January 3, 1966, the Liberal Party caucus met and gave Lester Pearson an emphatic vote of confidence. The new Parliament assembled on January 18.

Lester Pearson, premier ministre; Paul Martin, secrétaire d'État aux Affaires extérieures; Robert Winters, ministre de l'Industrie et du Commerce; Jack Pickersgill, ministre des Transports; Mitchell Sharp, ministre des Finances; Guy Favreau, président du Conseil privé

Le caucus du parti libéral tint une réunion le 3 janvier 1966 et, par un vote clair et net, accorda sa confiance à Lester Pearson. Le nouveau Parlement se réunit le 18 janvier.

V.f., **dans la bulle de Pearson :** « *Et maintenant, qui allons-nous mettre à l'aile gauche?* »; **sur le chandail de Pearson :** *Entraîneur;* **dans la bulle de l'albatros :** « *Puis-je arroser la patinoire?* »

Untitled: Diefenbaker's Team

Sans titre : L'équipe Diefenbaker

20 September 1966
Pen, brush and India ink over pencil
307 × 320
Signed l.r.
C 112587

20 septembre 1966
Plume, pinceau et encre de Chine sur crayon
307 × 320
Signé b.d.
C 112587

John Diefenbaker, Leader of the Progressive Conservative Party

The Conservative Party spent much of 1966 involved in internal power struggles. The main issue was the leadership of John Diefenbaker. Through appointments and dismissals, it appeared that Diefenbaker was attempting to gain personal control of the party organization. Dalton Camp, President of the Progressive Conservative Association, organized a campaign pressing for democratization of the party. Camp's first statement was made on September 20 when he said that: "where the leader does not know the limits of his power, he must be taught, and when he is indifferent to the interest of his party, he must be reminded." On September 9, 1967, Robert Stanfield was elected the new leader of the Progressive Conservatives.

John Diefenbaker, chef du parti progressiste-conservateur

Des luttes intestines perturbèrent la vie du parti conservateur en 1966. Le problème principal était alors celui du leadership de John Diefenbaker. Ce dernier cherchait, semble-il, par des nominations et des destitutions, à obtenir le contrôle personnel de l'organisation du parti. Dalton Camp, président de l'Association progressiste-conservatrice, organisa une campagne urgente en faveur de la démocratisation du parti. Il fit, le 20 septembre, sa première déclaration en ces termes : « Quand le chef du parti ne connaît pas les limites de son pouvoir, on se doit de l'instruire ; quand il est indifférent à l'intérêt de son parti, il faut le lui rappeler ». Le 9 septembre 1967, Robert Stanfield était élu comme nouveau chef du parti progressiste-conservateur.

V.f., sur les chandails : *Conservateurs*

N.D.P. Band Wagon

9 August 1963
Pen and India ink over pencil
306 × 345
Signed l.r.
C 113447

Le char des musiciens du N.P.D.

9 août 1963
Plume et encre de Chine sur crayon
306 × 345
Signé b.d.
C 113447

T.C. Douglas, Leader of the New Democratic Party; Stanley Knowles, M.P. for Winnipeg North Centre; Claude Jodoin, President of the Canadian Labour Congress

The New Democratic Party held a national convention in Regina on August 6-9, 1963, and unanimously re-elected Tommy Douglas as the party leader. The party president, Michael Oliver, stated that the party had greatly enlarged its solid core of support as a result of providing a structural form to bring together the trade unions, the liberally minded, the farmers, the professional groups and the C.C.F. The party passed resolutions calling for "the equal status of the French Canadian nation and the English Canadian nation" and asking the provinces to guarantee French Canadians the rights possessed by the English in Quebec.

T.C. Douglas, chef du nouveau parti démocratique; Stanley Knowles, député de la circonscription de Winnipeg-Nord-Centre; Claude Jodoin, président du Congrès du travail du Canada

Le nouveau parti démocratique tint un congrès national à Regina les 6, 7, 8 et 9 août 1963. Tommy Douglas y fut réélu chef du parti à l'unanimité. Le président du parti, Michael Oliver, déclara que le parti avait considérablement élargi ses appuis en accueillant les syndicats, les fermiers, les membres des professions libérales, les groupes libéralisants, ainsi que le C.C.F. Le parti approuva des résolutions affirmant l'égalité des nations canadienne-française et canadienne-anglaise; il invita les provinces à assurer aux Canadiens français les droits accordés aux anglophones du Québec.

V.f., **sur les étendards** : *Fermiers, Mouvement ouvrier, Culbutes — Voltigeurs — Tourbillons, Troupe d'incomparables acrobates, De grands artistes étrangers en provenance du Québec;* **sur les roues** : *Le français obligatoire, Congrès du travail du Canada;* **sur les partitions** : *Solidarité, Nous ne serons pas délogés, Code de la route;* **sur le cheval** : *Déductions (cotisations syndicales)*

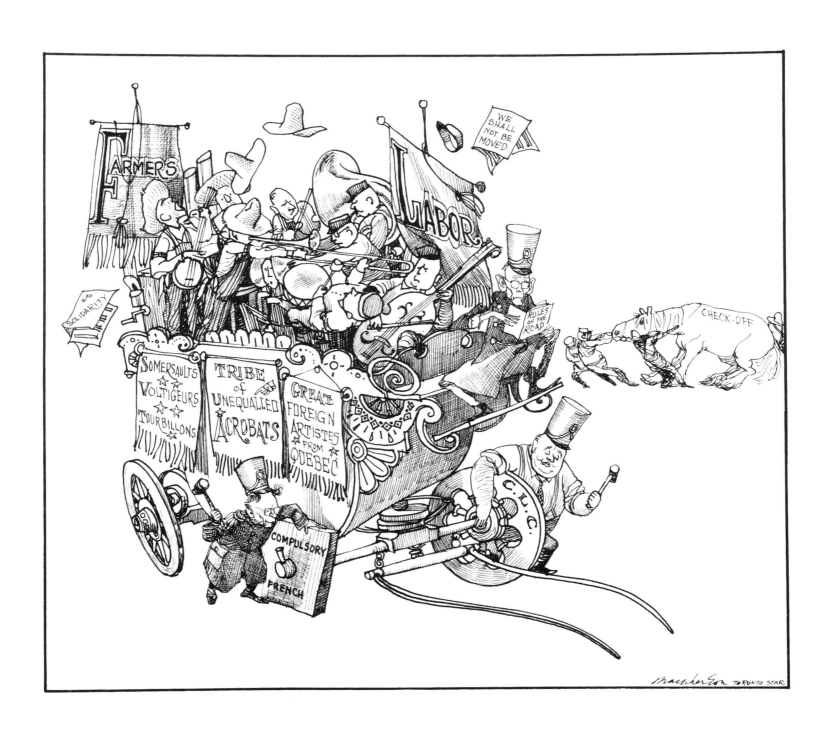

Gatineau Voyageurs

Les voyageurs de la Gatineau

23

18 September 1975
Brush and India ink over pencil,
with yellow, brown and grey wash
414 × 550
Signed l.r.
C 112565

18 septembre 1975
Pinceau et encre de Chine sur crayon,
au lavis jaune, brun et gris
414 × 550
Signé b.d.
C 112565

James Richardson, Minister of National Defence(?); Donald Macdonald, Minister of Energy, Mines and Resources; Allan MacEachen, Secretary of State for External Affairs; Marc Lalonde, Minister of National Health and Welfare; Pierre Elliott Trudeau, Prime Minister; Jean Marchand, Minister of Transport; C.M. Drury, Minister of Public Works; Mitchell Sharp, President of the Privy Council; Otto Lang, Minister of Justice

James Richardson, ministre de la Défense nationale (?); Donald Macdonald, ministre des Mines, de l'Énergie et des Ressources; Allan MacEachen, secrétaire d'État aux Affaires extérieures; Marc Lalonde, ministre de la Santé et du Bien-Être social; Pierre Elliott Trudeau, premier ministre; Jean Marchand, ministre des Transports; C.M. Drury, ministre des Travaux publics; Mitchell Sharp, président du Conseil privé; Otto Lang, ministre de la Justice

Inflation continued to be a major problem in Canada in 1975. Statistics Canada announced on September 10 that the consumer price index had risen by 1% during August. On the 17th, the Conference Board of Canada released a report predicting that consumer prices would rise by 11% in 1975 and a further 11.5% in 1976. Prime Minister Trudeau acknowledged the seriousness of the economic situation by announcing a cabinet shuffle on September 26. The new cabinet was to include a special economic team to deal with inflation.

L'inflation ne cessa d'être un problème important au Canada en 1975. Statistique Canada annonça, le 10 septembre, que l'indice des prix à la consommation avait gagné 1 % au mois d'août. Le 17 septembre, le *Conference Board* du Canada rendit public un rapport prédisant que les prix à la consommation augmenteraient de 11 % en 1975, puis de 11,5 % en 1976.

Le premier ministre Trudeau reconnut la gravité de la situation économique et annonça un remaniement ministériel le 26 septembre. Le nouveau cabinet comprenait une équipe spécialisée en matière économique dont le but serait de combattre l'inflation.

24

"Anyone Who Can Unite the Conservative Party Can Unite Canada"

3 January 1978
Brush and India ink over pencil
412 × 449
Signed l.r.
C 112568

« Quiconque réussira à unifier le parti conservateur pourra sûrement unifier le Canada »

3 janvier 1978
Pinceau et encre de Chine sur crayon
412 × 449
Signé b.d.
C 112568

John Diefenbaker, M.P. for Prince Albert; Robert Stanfield, M.P. for Halifax; Joe Clark, Leader of the Progressive Conservative Party; Jack Horner, M.P. for Crowfoot

In his acceptance speech at the leadership convention in 1976, Joe Clark stated: "There is absolutely no question about our ability to pull together and work together . . . to unite our party and our country. That is now the message of my leadership." However, ever since the leadership convention, the party was troubled by internal squabbles. After a quarrel with Clark, Jack Horner left the Conservative Party on April 20, 1977, to join the Liberal cabinet as minister without portfolio. Clark also had serious confrontations in 1977 with David MacDonald and Claude Wagner. By the end of the year, however, it appeared that the Conservative Party was in agreement.

John Diefenbaker, député de Prince-Albert; Robert Stanfield, député de Halifax; Joe Clark, chef du parti progressiste-conservateur; Jack Horner, député de Crowfoot

Lors de son discours d'acceptation, à la clôture du congrès qui le porta à la tête du parti en 1976, Joe Clark déclara : « Il ne fait aucun doute que nous possédons les aptitudes nécessaires à unir notre parti et notre pays. Voilà ce qui inspirera notre conduite ». Toutefois, des querelles intestines gênèrent le parti dès le lendemain du congrès. À la suite d'une dispute avec Clark, Jack Horner quitta le parti le 20 avril 1977 et devint membre du cabinet libéral à titre de ministre sans portefeuille. Toujours en 1977, Clark eut des démêlés avec David MacDonald et Claude Wagner. Vers la fin de l'année, cependant, la bonne entente était revenue à l'intérieur du parti.

25

17 November 1966
Pen, brush and India ink over pencil
283 × 283
Signed l.l.
C 112537

17 novembre 1966
Plume, pinceau et encre de Chine sur crayon
283 × 283
Signé b.g.
C 112537

John Diefenbaker, Leader of the Progressive Conservative Party; Dalton Camp, President of the Progressive Conservative Association

At the convention held in Ottawa on November 15, 1966, the Progressive Conservative Association re-elected Dalton Camp as their president. Camp was politically opposed to the party leader, John Diefenbaker. He pledged, however, that he would not press for Diefenbaker's immediate removal as leader, but he advocated that a special convention be held in 1967 to "reappraise" Diefenbaker's leadership.

John Diefenbaker, chef du parti progressiste-conservateur; Dalton Camp, président de l'Association progressiste-conservatrice

Au congrès tenu à Ottawa le 15 novembre 1966, l'Association progressiste-conservatrice réélut Dalton Camp comme président. Camp était opposé, sur le plan politique, au chef du parti, John Diefenbaker. Il s'engagea, cependant, à ne pas vouloir exercer de pression pour la démission immédiate de Diefenbaker, mais il plaida en faveur de la tenue d'un congrès spécial en 1967 pour procéder à une seconde évaluation du leadership de Diefenbaker.

TORY PARTY

MacPherson TORONTO STAR

Untitled: Liberal Icarus

16 October 1976
Brush and India ink over pencil,
with green and brown wash
308 × 382
Signed l.l.
C 112856

26

John Turner, former Liberal cabinet minister; Pierre Elliott Trudeau, Prime Minister

John Turner's resignation from his seat in the House of Commons in February 1976 was a surprise to most political observers. Turner had been considered a likely successor to Prime Minister Trudeau as leader of the Liberal Party. The resulting by-election in the Ottawa-Carleton riding was scheduled for October 18. In a survey conducted by Carleton University journalism students, released on October 15, 42% of those who had regarded themselves as Liberal supporters indicated that they would vote for the Conservative candidate. Conservative Jean Pigott won the election on October 18.

Sans titre : Icare libéral

16 octobre 1976
Pinceau et encre de Chine sur crayon,
au lavis vert et brun
308 × 382
Signé b.g.
C 112856

John Turner, ancien ministre du cabinet libéral ; Pierre Elliott Trudeau, premier ministre

La démission de John Turner surprit la plupart des observateurs de la scène politique. On considérait Turner comme le successeur probable de Trudeau à la tête du parti libéral. Des élections complémentaires furent prévues pour le 18 octobre dans Ottawa-Carleton. Un sondage préparé par des étudiants de l'École de journalisme de l'université Carleton et publié le 15 octobre indiquait que 42 % des électeurs d'allégeance libérale allaient accorder leur vote à la candidate conservatrice, Jean Pigott. Elle remporta l'élection.

V.f., **sur l'aile** : *Parti libéral*

LIBERAL PARTY

"Contemplating the Release of Unbridled Chaos Generated by a Power Vacuum?"

4 February 1976
Pen, brush and India ink over pencil
323 × 373
Signed l.r.
C 112627

27

Robert Stanfield, Leader of the Progressive Conservative Party

On January 18, 1976, the organizing committee for the Progressive Conservative leadership convention announced that it would not accept the applications of Mr. Joseph Zappia, an Olympic contractor, and Mr. Leonard Jones, former Mayor of Moncton. Robert Stanfield stated that he "would have to think a bit about my position" if Mr. Jones were admitted to the caucus while he was in Parliament. The leadership convention was held on February 22, and Joe Clark was elected the new leader.

« Alors, on contemple l'avènement du chaos total engendré par la vacance du pouvoir? »

4 février 1976
Plume, pinceau et encre de Chine sur crayon
323 × 373
Signé b.d.
C 112627

Robert Stanfield, chef du parti progressiste-conservateur

Le 18 janvier 1976, le comité responsable du congrès à la chefferie pour le parti progressiste-conservateur annonça qu'il n'accepterait pas les candidatures de M. Joseph Zappia, entrepreneur de construction aux Jeux Olympiques, et de M. Leonard Jones, ancien maire de Moncton. Robert Stanfield affirma qu'il aurait à réfléchir un peu à sa position si M. Jones était admis au caucus pendant qu'il siégeait au Parlement. Le congrès en vue de l'élection d'un chef eut lieu le 27 février. Joe Clark y fut alors élu comme nouveau chef du parti.

V.f., **manchettes** : *Veto de Stanfield à un candidat du P.C., Rumeurs de démission*

The Economy   L'économie

III

"Good for Everything Except Backache"

7 June 1974
Brush and India ink over pencil,
with green and grey wash
428 × 290
Signed l.r.
C 112572

The Liberal budget, proposed in the House of Commons on May 6, 1974, was met with a 137 - 123 vote of no confidence on May 8. Elections were scheduled for July 8. On June 6, Robert Stanfield, leader of the Progressive Conservative Party, pledged that the Conservatives would give first priority to balancing government spending with its income.

« Soulage tous les maux, sauf le mal de dos »

7 juin 1974
Pinceau et encre de Chine sur crayon,
au lavis vert et gris
428 × 290
Signé b.d.
C 112572

Le budget du gouvernement libéral, présenté à la Chambre des communes le 6 mai 1974, fut défait le 8 par un vote majoritaire de non-confiance (137 contre 123). On annonça des élections générales pour le 8 juillet. Robert Stanfield, chef du parti progressiste-conservateur, promettait le 6 juin que les conservateurs chercheraient en tout premier lieu à équilibrer les dépenses et les revenus du gouvernement.

V.f., **sur le bonnet** : *Gouvernement ;* **sur la bouteille** : *Panacée électorale*

28

"Call the Morality Squad"

« Appelez la brigade des mœurs »

29

14 June 1974
Brush and India ink over pencil
381 × 410
Signed l.r.
C 112602

14 juin 1974
Pinceau et encre de Chine sur crayon
381 × 410
Signé b.d.
C 112602

**Pierre Elliott Trudeau, Prime Minister;
David Lewis, Leader of the New Democratic Party; Robert Stanfield, Leader
of the Progressive Conservative Party**

On June 12, 1974, Statistics Canada
reported a 1.7% increase in the consumer
price index during the month of May. This
was the largest increase in twenty-three
years. Robert Stanfield responded by calling
the Liberal government's programs completely inadequate and stressing the need
for the Conservative Party policy of implementing wage and price controls.

**Pierre Elliott Trudeau, premier ministre;
David Lewis, chef du nouveau parti
démocratique; Robert Stanfield, chef
du parti progressiste-conservateur**

Le 12 juin 1974, Statistique Canada rapporta, dans l'indice des prix à la consommation, une augmentation de 1,7 % pour le
mois de mai. C'était la plus forte augmentation depuis vingt-trois ans. Robert Stanfield
répondit que le programme du parti libéral
était tout à fait inadéquat; il fit ressortir la
nécessité d'instaurer le contrôle des prix
et des salaires, tel que défini par la politique
du parti conservateur.

"Make It Snappy!"

« Et que ça saute! »

6 March 1975
Pen, brush and India ink over pencil,
with green and brown wash
349 × 339
Signed l.l.
C 112597

6 mars 1975
Plume, pinceau et encre de Chine sur
crayon, au lavis vert et brun
349 × 339
Signé b.g.
C 112597

Justice Thomas R. Berger

Le juge Thomas R. Berger

Public hearings opened on March 3, 1975, in
Yellowknife to assess the environmental,
social and economic impact of the proposed
Mackenzie Valley pipeline. Indians and other
northern native peoples argued that their
land claims in the Yukon, Mackenzie Valley
and western Arctic should be settled before
any construction began. In Ottawa, the
government told the House of Commons
that the federal government might make its
decision on the pipeline before the Berger
inquiry had completed its report. On May 9,
1977, the Berger Commission recommended
that no pipeline be built along the Mackenzie
River Valley for ten years and that no pipe-
line crossing the northern Yukon from
Alaska should ever be built. The National
Energy Board's hearings on the northern
pipeline ended on June 6, 1977. The government endorsed the N.E.B. recommendation
for a pipeline through the southern Yukon
on August 8, 1977, and the agreement was
signed with the United States on
September 20.

Le 3 mars 1975, commençaient à Yellowknife les audiences publiques destinées à
évaluer l'impact du pipe-line prévu dans la
vallée du Mackenzie sur l'environnement, la
société et l'économie. Les Indiens et d'autres
autochtones du Nord arguèrent qu'on
devrait d'abord, avant de commencer toute
construction, régler la question des titres de
propriété pour les terres du Yukon, de la
vallée du Mackenzie et de l'Ouest de l'Arcti-
que. À Ottawa, le gouvernement informa la
Chambre des communes que le gouvernement fédéral pourrait prendre une décision
au sujet du pipe-line avant que la Commission Berger ait terminé son rapport. Le
9 mai 1977, la Commission Berger recommanda de ne pas construire de pipe-line le
long de la vallée du Mackenzie avant dix
ans ; elle recommanda aussi de ne construire
à travers le Nord du Yukon aucun pipe-line
venant de l'Alaska. Les audiences de l'Office
national de l'énergie sur le pipe-line du Nord
prirent fin le 6 juin 1977. Le gouvernement
appuya, le 8 août suivant, la recommandation de l'office en faveur d'un pipe-line
passant par le Sud du Yukon. Et c'est le
20 septembre qu'on signa l'entente avec
les États-Unis.

***V.f.*, sur la banderole** : *Audience sur l'environ-
nement*

31

6 May 1976
Brush and India ink over pencil, with pencil shading and green wash border
310 × 428
Signed l.r.
C 112633

6 mai 1976
Pinceau et encre de Chine sur crayon, ombré au crayon, avec cadre au lavis vert
310 × 428
Signé b.d.
C 112633

William Davis, Premier of Ontario; Allan Blakeney, Premier of Saskatchewan; Peter Lougheed, Premier of Alberta; Pierre Elliott Trudeau, Prime Minister

The prime minister and provincial premiers met on May 6, 1976, to discuss oil and natural gas price increases but reached no agreement. The federal government supported the demands of Alberta and Saskatchewan for a $2 oil price increase. Ontario asked for an increase of only 20 cents. The federal government later announced a price increase of $1.75, bringing the oil price to $9.75 a barrel.

William Davis, premier ministre de l'Ontario; Allan Blakeney, premier ministre de la Saskatchewan; Peter Lougheed, premier ministre de l'Alberta; Pierre Elliott Trudeau, premier ministre du Canada

Le premier ministre du Canada et les premiers ministres provinciaux se réunirent le 6 mai 1976 pour discuter de l'augmentation du prix du pétrole et du gaz naturel mais n'aboutirent à aucun accord. Le gouvernement fédéral appuya l'Alberta et la Saskatchewan qui demandaient une augmentation de $2 du prix du pétrole. L'Ontario ne voulait qu'une augmentation de 20 cents. Plus tard, le gouvernement fédéral annonça une augmentation de $1,75, portant ainsi le prix du baril de pétrole à $9,75.

32

13 June 1978
Brush and India ink over pencil,
with green and purple wash
358 × 396
Signed l.l.
C 112559

13 juin 1978
Pinceau et encre de Chine sur crayon,
au lavis vert et violet
358 × 396
Signé b.g.
C 112559

**Otto Lang, Minister of Transport;
Joe Clark, Leader of the Progressive
Conservative Party**

On May 16, 1977, Otto Lang tabled in the
House of Commons the Hall Commission's
report on grain-handling and transportation.
The report was praised by westerners, but
was welcomed with reservations by the
federal government. Of the five major rec-
ommendations in the report, the only proposal to be acted on immediately was the
addition of 1,813 miles of branch rail-lines to
the 12,413 miles already protected from
abandonment to the year 2000. By 1978, the
delay in implementing a recommendation
concerning the establishment of a prairie
rail authority led the Progressive Conservatives to demand Otto Lang's resignation as
Transport Minister.

**Otto Lang, ministre des Transports;
Joe Clark, chef du parti progressiste-
conservateur**

Le 16 mai 1977, Otto Lang déposa à la
Chambre des communes le rapport de la
Commission Hall sur la manutention et le
transport des céréales. On parla du rapport
en termes élogieux dans l'ouest du pays,
mais les milieux gouvernementaux à Ottawa
se montrèrent plus réservés. Des cinq
recommandations majeures contenues
dans le rapport, ne fut mise en application
que la proposition voulant ajouter 1 813
milles aux 12 413 milles de voies ferrées
qu'on avait déjà décidé de ne pas délaisser
avant l'an 2000. En 1978, les progressistes-
conservateurs, en raison des lenteurs
entourant la mise en œuvre de la recommandation concernant l'établissement
d'une administration des chemins de fer
des Prairies, réclamèrent la démission
d'Otto Lang comme ministre des Transports.

V.f., **sur la manche** : *Ministre des Transports*

Untitled: Financial Kite-Flying

9 May 1962
Pen, brush and India ink over pencil
408 × 412
Signed l.r.
C 112603

33

Donald M. Fleming, Minister of Finance

On May 3, 1962, the Canadian dollar was devalued by 2½ cents to 92½ U.S. cents. The purpose of the devaluation was to discourage the drain on foreign exchange reserves.

Sans titre : Cerf-volant fiscal

9 mai 1962
Plume, pinceau et encre de Chine sur crayon
408 × 412
Signé b.d.
C 112603

Donald M. Fleming, ministre des Finances

Le 3 mai 1962, le dollar canadien subit une dévaluation de 2½ ¢; il valait alors 92½ cents aux États-Unis. Le but de la dévaluation était d'arrêter l'hémorragie de nos réserves en devises étrangères.

***V.f.,* sur le chapeau** : *Ministre des Finances;* **sur le cerf-volant** : *Dollar canadien*

Budget

34

25 May 1976
Brush and India ink over pencil,
with green and purple wash
381 × 440
Signed l.r.
C 112600

Donald Macdonald, Minister of Finance

A record $41.25 billion budget was intro-
duced in the House of Commons on May 25,
1976. The budget aimed to restore price
stability, improve productivity and reduce
unemployment.

Budget

25 mai 1976
Pinceau et encre de Chine sur crayon,
au lavis vert et violet
381 × 440
Signé b.d.
C 112600

**Donald Macdonald, ministre des
Finances**

Le ministre des Finances présenta, le 25 mai
1976, un budget record de $41,25 milliards à
la Chambre des communes. Ce budget vou-
lait restaurer la stabilité des prix, améliorer
la production et réduire le chômage.

Fly Now, Pay Later

35

11 April 1978
Brush and India ink over pencil,
with green and purple wash
384 × 383
Signed l.r.
C 112609

Jean Chrétien, Minister of Finance

The budget for the fiscal year beginning on April 1, 1978, was introduced in the House of Commons on April 10. The major item in the budget was the offer of a compensating arrangement with the provinces to cut provincial sales taxes in order to stimulate the economy.

Partez maintenant, payez plus tard

11 avril 1978
Pinceau et encre de Chine sur crayon,
au lavis vert et violet
384 × 383
Signé b.d.
C 112609

Jean Chrétien, ministre des Finances

Jean Chrétien déposa le 10 avril 1978, à la Chambre des communes, le budget de l'année financière débutant le 1er avril. L'élément principal de ce budget était l'offre d'un accord de compensation avec les provinces en vue de réduire les taxes provinciales de vente et de stimuler ainsi l'économie.

V.f., sur le pneu : *Dollar canadien*

Scandals

Les scandales

IV

36

21 May 1966
Pen, brush and India ink over pencil
308 × 349
Signed l.r.
C 112632

21 mai 1966
Plume, pinceau et encre de Chine sur crayon
308 × 349
Signé b.d.
C 112632

Lucien Cardin, Minister of Justice; George Hees, former Minister of Trade and Commerce; John Diefenbaker, former Prime Minister; Davie Fulton, former Minister of Justice

On March 10, 1966, Lucien Cardin charged that several members of the former Diefenbaker cabinet had been involved in liasons with Mrs. Gerda Munsinger, a known former Soviet agent. Further details and an interview with Mrs. Munsinger were reported in *The Toronto Star* on March 11. A judicial inquiry was held in April and May to determine if Canadian security had been endangered. During the hearings, George Hees testified that he had met Mrs. Munsinger, but denied that there was anything improper in their relationship. Davie Fulton testified that he had been present when John Diefenbaker had reprimanded Pierre Sévigny, former Associate Minister of National Defence, for having a liason with a person of doubtful background. On May 18, when it was suggested that Diefenbaker had also met Mrs. Munsinger, he and Fulton charged the Liberal government with creating the inquiry "for the political assassination of opponents." The inquiry's report, issued on September 23, found no evidence that Canada's security had been compromised.

Lucien Cardin, ministre de la Justice; George Hees, ancien ministre de l'Industrie et du Commerce; John Diefenbaker, ancien premier ministre; Davie Fulton, ancien ministre de la Justice

Le 10 mars 1966, Lucien Cardin affirma que plusieurs ministres du gouvernement Diefenbaker avaient eu des liaisons avec Mme Gerda Munsinger, dont les antécédents à titre d'agent de l'U.R.S.S. étaient connus. Le *Toronto Star* du 11 mars décrivait cette affaire avec plus de détails et publiait un entretien avec Mme Munsinger. En avril et en mai, on procéda à une enquête judiciaire afin d'établir si l'affaire avait menacé la sécurité du pays. Interrogé, George Hees reconnut qu'il avait bien rencontré Mme Munsinger mais que leurs rapports n'avaient rien eu d'inconvenant. Par ailleurs, Davie Fulton révéla qu'il avait entendu Diefenbaker reprocher à Pierre Sévigny, ancien ministre associé de la Défense nationale, d'entretenir une liaison avec une personne peu recommandable. Le 18 mai, à la suite d'insinuations voulant que Diefenbaker ait lui aussi rencontré Mme Munsinger, Diefenbaker et Fulton accusèrent les libéraux d'avoir mis sur pied cette enquête dans le but de détruire la réputation de leurs adversaires. Le rapport des enquêteurs, rendu public le 23 septembre, ne mit à jour aucun fait qui ait pu porter atteinte à la sécurité de l'État.

V.f., sur la boîte : *Brisez la vitre en cas d'incendie*

The Yolks on Us

Œufs-gêne

3 October 1974
Brush and India ink over pencil,
with green and brown wash
318 × 368
Signed l.r.
C 112540

3 octobre 1974
Pinceau et encre de Chine sur crayon,
au lavis vert et brun
318 × 368
Signé b.d.
C 112540

Eugene Whelan, Minister of Agriculture

Eugene Whelan, ministre de l'Agriculture

The federal government organized the Canadian Egg Marketing Agency in June 1973 to regulate a quota system among the provinces for the sale of eggs. The provinces, however, were not co-operating, and the cost to the federal government continued to rise. A report on marketing boards by J.D. Forbes, a professor at the University of British Columbia, was submitted to the government in March 1974, but was not released. Controversy raged during the summer when it was reported that the Canadian Egg Marketing Agency had destroyed millions of eggs which had been stored so long that they had rotted. The price of eggs had then been raised from 27 cents to 42 cents a dozen.

En juin 1973, le gouvernement fédéral mit sur pied l'Office canadien de commercialisation des œufs dans le but de contingenter la vente des œufs entre les provinces. Celles-ci refusèrent toutefois d'y participer, entraînant ainsi une augmentation des dépenses du gouvernement fédéral. En mars 1974, le professeur J.D. Forbes de l'université de la Colombie-Britannique soumit au gouvernement un rapport, qui ne fut pas rendu public, sur la question des comités de contrôle. La polémique fit rage au cours de l'été à la suite d'une dépêche rapportant la destruction par l'Office de commercialisation de millions d'œufs devenus impropres à la consommation en raison d'un entreposage trop long. Entre-temps, le prix de la douzaine était passé de 27 à 42 cents.

V.f., dans la bulle : « *Nous avons gaspillé un autre milliard?... d'œufs? Oh, de dollars* » ; **b.g.** : *Bulletin de nouvelles — Le gouvernement gaspille un milliard par année en fixant le prix et en accordant des subventions — Rapport Forbes*

38

11 December 1975
Brush and India ink over pencil,
with brown and green wash
248 × 311
Signed l.l.
C 112612

11 décembre 1975
Pinceau et encre de Chine sur crayon,
au lavis brun et vert
248 × 311
Signé b.g.
C 112612

Back row: Sinclair Stevens, M.P. for York-Simcoe; Lincoln Alexander, M.P. for Hamilton West; Elmer MacKay, M.P. for Central Nova; Flora Macdonald, M.P. for Kingston and the Islands. *Front row*: Robert Stanfield, Leader of the Progressive Conservative Party; John Diefenbaker, M.P. for Prince Albert; Heward Grafftey, M.P. for Brome-Missisquoi

Mirabel International Airport was officially opened on October 4, 1975. Shortly thereafter, allegations of irregularities in the handling of contracts began. First, on October 26, CTV reported that the R.C.M.P. were investigating charges of fraud concerning Mirabel contracts. The government confirmed the report the next day. Then, on November 3, Elmer MacKay began his allegations. He revealed in the House of Commons that Senator Louis Giguère, a Liberal Party fund-raiser, had made a $95,000 profit in 1972 on the sale of his shares in Sky Shops Export Ltd. He then requested that an investigation be held into the awarding of the Mirabel duty-free concession to Sky Shops, which, he claimed, was not the best bid. The R.C.M.P. raided the Senator's parliamentary office and home on November 7 and admitted that they had been investigating the Senator's connection with Sky Shops for several months. On November 24, the R.C.M.P. further admitted that their investigation included questions of Liberal Party fund-raising. Nearly *every* day during the month of December, questions concerning the Mirabel contracts and the R.C.M.P. investigations were raised in the House of Commons.

À l'arrière : Sinclair Stevens, député de York-Simcoe; Lincoln Alexander, député de Hamilton-Ouest; Elmer Mac-Kay, député de Central Nova; Flora Macdonald, député de Kingston et Les îles. *À l'avant :* Robert Stanfield, chef du parti progressiste-conservateur; John Diefenbaker, député de Prince-Albert; Heward Grafftey, député de Brome-Missisquoi

Peu après l'inauguration de l'aéroport de Mirabel, le 4 octobre 1975, des rumeurs de malversations dans l'attribution des contrats commencèrent à courir. Tout d'abord, le réseau CTV affirma le 26 octobre que la Gendarmerie royale du Canada examinait des accusations de fraudes, nouvelle que le gouvernement confirma le lendemain. Puis, le 3 novembre, Elmer MacKay apprit aux Communes que le sénateur Louis Giguère, solliciteur de fonds pour le parti libéral, avait fait en 1972 un profit de $95 000 en vendant ses parts dans *Sky Shops Export Limited*. MacKay demanda la mise sur pied d'une enquête destinée à faire la lumière sur l'adjudication à *Sky Shops* des boutiques hors taxe de Mirabel, bien que cette entreprise n'ait pas fait la meilleure offre. Le 7 novembre, la G.R.C. fit une descente à la résidence du sénateur et dans son bureau du Parlement; elle admit que les rapports du sénateur avec *Sky Shops* faisaient l'objet d'une enquête depuis plusieurs mois. Le 24 novembre, elle reconnut que la sollicitation de fonds chez les libéraux était l'un des sujets de l'enquête. En décembre, il ne se passa à peu près pas de journées sans que la chambre n'entendît des questions touchant l'affaire des contrats de Mirabel ou l'enquête menée par la G.R.C.

39

Elmer MacKay, MP
(PC — Central Nova)

30 April 1976
Brush and India ink over pencil,
with green and grey wash
477 × 480
Signed l.r.
C 112805

Elmer MacKay, député
(P.C. — Central Nova)

30 avril 1976
Pinceau et encre de Chine sur crayon,
au lavis vert et gris
477 × 480
Signé b.d.
C 112805

Elmer MacKay, M.P. for Central Nova

On April 26, 1976, Elmer MacKay continued his series of accusations against the Liberal government over the tendering of leases and concessions at the new Mirabel International Airport. This time, he questioned the contract awarded to Les Entreprises Cara Ltée for a restaurant concession at Mirabel. Earlier in the week, criminal charges had been laid against officials of Sky Shops Export Ltd. for conspiracy and influence peddling. It was MacKay who had brought the Sky Shops affair to the public's attention on November 3, 1975.

Elmer MacKay, député de Central Nova

Elmer MacKay reprit le 26 avril 1976 ses accusations contre le gouvernement libéral dans l'affaire de l'adjudication des baux et concessions au nouvel aéroport de Mirabel. Cette fois, il remit en cause le contrat accordant aux entreprises Cara limitée la concession d'un restaurant. Plut tôt au cours de la même semaine, la justice avait porté des accusations de trafic d'influence et de conspiration contre les dirigeants de *Sky Shops Exports Limited*. C'est Elmer MacKay qui, le 3 novembre 1975, a d'abord attiré l'attention du public sur l'affaire *Sky Shops*.

Foxy Francis

14 January 1978
Pen, brush and India ink over pencil,
with green and purple wash
312 × 377
Signed l.l.
C 112765

Francis Fox, Solicitor General

On January 9, 1978, Francis Fox revealed
that the R.C.M.P. had issued a fake communiqué in 1971 urging the use of violence
to attain Quebec independence. He then
declared that he thought all illegal activities
by the R.C.M.P. had now been disclosed.
On January 11, the McDonald Royal Commission into R.C.M.P. illegal activities heard
testimony of a new instance of an illegal
breakin. No details were given as the
R.C.M.P. declared that it would be against
the public interest.

Francis le renard

14 janvier 1978
Plume, pinceau et encre de Chine sur
crayon, au lavis vert et violet
312 × 377
Signé b.g.
C 112765

Francis Fox, solliciteur général

Le 9 janvier 1978, Francis Fox révéla que la
Gendarmerie royale du Canada avait, en
1971, émis un faux communiqué incitant à
la violence pour obtenir l'indépendance du
Québec. Il déclara alors que, d'après lui,
on avait maintenant dévoilé toute l'activité
illégale de la G.R.C. Le 11 janvier, la Commission royale McDonald, chargée d'en-
quêter sur l'activité illégale de la G.R.C.,
entendit le témoignage d'un second cas
d'effraction illégale. On ne fournit aucun
détail, la G.R.C. ayant allégué que cela
nuirait à l'intérêt public.

V.f., **sur le bureau** : *Solliciteur général ;* **dans la
bulle** : « *Autant que je sache, nous avons dévoilé
toutes nos activités illégales.* »

40

Olympics

Jeux Olympiques

41

18 July 1975
Pen, brush and India ink over pencil
281 × 348
Signed l.r.
C 112623

18 juillet 1975
Plume, pinceau et encre de Chine sur crayon
281 × 348
Signé b.d.
C 112623

Jean Drapeau, Mayor of Montreal

On July 10, 1975, the Quebec National Assembly was told by its municipal affairs committee that the estimated costs for the 1976 Olympics had risen to $730 million. Mayor Jean Drapeau had maintained that the cost would be only $714 million. Neither figure included the estimated $74 million to build the Olympic village. Drapeau's original estimate in 1972 had been $120 million. The actual cost for the 1976 Olympic games reached $1.5 billion.

Jean Drapeau, maire de Montréal

Le 10 juillet 1975, la commission parlementaire sur les affaires municipales fit savoir à l'Assemblée nationale que le coût des Jeux Olympiques de 1976 était alors estimé à $730 millions. Le maire Jean Drapeau avait estimé ce coût à $714 millions seulement. Mais aucun de ces chiffres ne comprenait les $74 millions prévus pour la construction du Village olympique. À l'origine, en 1972, Jean Drapeau avait évalué le coût total à $120 millions ; en fait, les Jeux Olympiques de 1976 coûtèrent $1,5 milliard.

National Unity

V

L'unité nationale

42

"Well, It Seemed Like a Good Idea at the Time, Georges"

14 October 1964
Pen, brush and India ink over pencil, with pencil shading
308 × 309
Signed l.r.
C 112615

Lester Pearson, Prime Minister; Georges Vanier, Governor General

Queen Elizabeth II and Prince Philip visited Canada on October 5-13, 1964, to commemorate the Charlottetown and Quebec Conferences of 1864 which led to Confederation. The stop at Quebec City was marred by a demonstration by Quebec separatists who objected to the visit. In an address to the Quebec Legislative Assembly, the Queen called for Canadian unity, but suggested that the original Confederation agreement might no longer be adequate.

« Pourtant, Georges, ça n'avait pas l'air d'une si mauvaise idée »

14 octobre 1964
Plume, pinceau et encre de Chine sur crayon, ombré au crayon
308 × 309
Signé b.d.
C 112615

Lester Pearson, premier ministre; Georges Vanier, gouverneur général

La reine Élisabeth II et le prince Philippe visitèrent le Canada du 5 au 13 octobre 1964 pour commémorer les conférences de Charlottetown et de Québec qui conduisirent à la Confédération. Une démonstration d'indépendantistes québécois opposés à la visite gâta le séjour de la reine à Québec. Dans son allocution à l'Assemblée législative, la reine lança un appel à l'unité canadienne, tout en suggérant que l'accord original de la Confédération pouvait bien ne plus être adéquat.

Censored / War Measures Act

20 October 1970
Pen, brush and India ink over pencil,
with pencil shading and opaque white
356 × 357
Signed l.r.
C 112604

43

Mitchell Sharp, Secretary of State for External Affairs; John Turner, Minister of Justice; Jean Marchand, Minister of Regional Economic Expansion

On October 5, 1970, the Front de Libération du Québec kidnapped British diplomat James Cross. On the 10th, another cell of the F.L.Q. kidnapped Quebec Labour Minister Pierre Laporte. To deal with the growing crisis, Prime Minister Trudeau invoked the *War Measures Act* on October 16. Civil liberties were suspended and an estimated 250 people arrested. The government's actions were debated in the House of Commons and supported in a 190-16 vote on October 19.

Censuré / Loi sur les mesures de guerre

20 octobre 1970
Plume, pinceau et encre de Chine sur crayon,
ombré au crayon et touché de blanc opaque
356 × 357
Signé b.d.
C 112604

Mitchell Sharp, secrétaire d'État aux Affaires extérieures; John Turner, ministre de la Justice; Jean Marchand, ministre de l'Expansion économique régionale

Le 5 octobre 1970, le Front de libération du Québec (F.L.Q.) enleva de vive force le diplomate britannique James Cross. Le 10, une autre cellule du F.L.Q. enleva le ministre québécois du Travail, Pierre Laporte. Cherchant à résoudre la crise grandissante, le premier ministre Trudeau eut recours le 16 octobre à la Loi sur les mesures de guerre. Les libertés civiles furent mises en veilleuse et l'on arrêta environ 250 personnes. Les actions du gouvernement donnèrent lieu à un débat à la Chambre des communes, qui les approuva, le 19 octobre, par un vote de 190 contre 16.

V.f., **manchettes du** *Daily Bugle* : *Groupes internationaux à l'œuvre derrière le F.L.Q. — Sharp, Terrorisme à l'extérieur du Québec — Turner, Plus sérieux qu'un enlèvement — Marchand ;* **dans la bulle sous l'estampille** : *« Peut-on s'il vous plaît me renseigner sur ce que veulent vraiment dire ces... énigmatiques... »*

44

31 May 1974
Brush and India ink over pencil,
with yellow and brown wash
295 × 403
Signed l.l.
C 112629

31 mai 1974
Pinceau et encre de Chine sur crayon, au
lavis jaune et brun
295 × 403
Signé b.g.
C 112629

David Lewis, Leader of the New Democratic Party; Robert Stanfield, Leader of the Progressive Conservative Party; Pierre Elliott Trudeau, Prime Minister

The Quebec government of Robert Bourassa introduced a bill proposing the *Official Language Act* in the Quebec National Assembly on May 21, 1974. Known as Bill 22, the Act made French the only official language in the province of Quebec. A federal election had been called for July 8, and Bill 22 now became a campaign issue. The Bill passed in the National Assembly on July 30 in a 92-10 vote.

David Lewis, chef du nouveau parti démocratique ; Robert Stanfield, chef du parti progressiste-conservateur ; Pierre Elliott Trudeau, premier ministre

Le gouvernement québécois de Robert Bourassa présenta, le 21 mai 1974, à l'Assemblée nationale, le projet de loi sur la langue officielle. Connu sous le nom de projet de loi 22, il faisait du français l'unique langue officielle du Québec. Une élection fédérale ayant été fixée au 8 juillet, le projet de loi 22 devint une question importante dans la campagne électorale. Le projet de loi 22 devint loi le 30 juillet, à l'Assemblée nationale, par un vote de 92 contre 10.

***V.f.*, sur le mammouth** : *Projet de loi sur la langue officielle*

The Blue Otto

Otto le bleu

45

30 June 1976
Pen, brush and India ink over pencil
392 × 445
Signed l.r.
C 112598

30 juin 1976
Plume, pinceau et encre de Chine sur crayon
392 × 445
Signé b.d.
C 112598

Otto Lang, Minister of Transport; Pierre Elliott Trudeau, Prime Minister

Otto Lang, ministre des Transports ; Pierre Elliott Trudeau, premier ministre

In June 1976, air traffic controllers across Canada staged a nine-day work stoppage to protest the federal government's proposals to use the French language at major Quebec airports for air-ground communications. Otto Lang reached an agreement with the Canadian Air Traffic Control Association and the Canadian Air Line Pilots Association on June 28. Under the agreement, a commission was to be established to determine if the program could be implemented safely "beyond a reasonable doubt."

Au mois de juin 1976, les contrôleurs du trafic aérien organisèrent dans tout le Canada un arrêt de travail d'une durée de neuf jours pour protester contre le projet du gouvernement fédéral visant à faire du français la langue de travail dans les principaux aéroports du Québec en ce qui touche les communications air-sol. Otto Lang aboutit le 28 juin à un accord avec l'Association canadienne du contrôle du trafic aérien et avec l'Association canadienne des pilotes de lignes aériennes. En vertu de l'accord, on devait créer une commission chargée de déterminer si le programme pouvait, sans aucun doute, être mis en œuvre en toute sécurité.

V.f., **dans la bulle** : « *Bel atterrissage, M. Lang. Vous serez fusillé demain, à l'aube!* » ; **sur l'aile de l'avion** : *Grève des transports aériens* ; **sur le cadran** : *Projet de loi sur les langues officielles*

"First, You Gotta Get Their Attention"

17 December 1976
Brush and India ink over pencil,
with green and brown wash
279 × 374
Signed l.l.
C 112593

René Lévesque, Premier of Quebec

René Lévesque's Parti Québécois won the Quebec provincial election on November 15, 1976, with a large majority. In an interview published in December in *Business Week* magazine, Lévesque said that "when, not if" Quebec becomes independent, it "will not seek to gain control of all industries, but only select ones such as banking and asbestos, and those dealing with culture." Culture was defined as "everything that has to do economically with culture — publications, media, TV, films . . . ."

« Tout d'abord, attirer leur attention »

17 décembre 1976
Pinceau et encre de Chine sur crayon,
au lavis vert et brun
279 × 374
Signé b.g.
C 112593

René Lévesque, premier ministre du Québec

Le parti québécois de René Lévesque remporte l'élection provinciale du 15 novembre 1976 avec une ample majorité. À l'occasion d'un entretien publié en décembre dans le *Business Week*, Lévesque fit remarquer que le Québec, après son accession à l'indépendance (la date, mais non l'accession elle-même, demeurant incertaine), ne chercherait pas à acquérir le contrôle de toutes les entreprises et industries. Il concentrerait plutôt ses efforts dans des domaines comme les finances, l'amiante et surtout la culture. L'entretien proposait la définition suivante de la culture : tout ce qui a des liens économiques avec la culture, comme les publications, les mass media, la télévision, les films.

V.f., **sur le pantalon** : *228 millions de Nord-Américains anglophones ;* **sur le soulier** : *Mainmise sur l'industrie ;* **sur la serviette** : *Marché commun de Lévesque*

47

3 February 1977
Pen, brush and India ink over pencil
378 × 385
Signed l.l.
C 112592

3 février 1977
Plume, pinceau et encre de Chine sur crayon
378 × 385
Signé b.g.
C 112592

René Lévesque, Premier of Quebec; Jacques Parizeau, Quebec Minister of Finance; Claude Morin, Quebec Minister of Intergovernmental Affairs

Premier Lévesque addressed the Economic Club of New York on January 25, 1977. In his speech, he said that Quebec's independence was inevitable. Lévesque's purpose had been to reassure American businessmen that Quebec was still a good place for investment, even though his party had been elected on November 15, 1976. The reaction in the U.S. business community was concerned not with the separation issue, but with the formation of a socialist state in North America. Two U.S. bond-rating agencies reviewed Quebec's credit-rating after Lévesque's speech, but did not make any changes.

René Lévesque, premier ministre du Québec ; Jacques Parizeau, ministre des Finances ; Claude Morin, ministre des Affaires intergouvernementales

Le 25 janvier 1977, le premier ministre Lévesque prit la parole devant l'*Economic Club* de New York. Il affirma que l'indépendance du Québec était inévitable. Lévesque avait alors l'intention de persuader les hommes d'affaires américains que le Québec demeurait propice aux investissements, malgré l'accession au pouvoir de son parti, le 15 novembre 1976. Le milieu des affaires ne s'attacha pas à la question de l'indépendance, mais plutôt à celle d'un état socialiste en Amérique du Nord. Deux grandes maisons américaines de courtage, spécialisées dans l'attribution de cotes de crédit, réexaminèrent la position du Québec au lendemain de l'allocution de Lévesque ; mais elles ne firent aucun changement.

V.f., sur le couperet : *Manifeste du P.Q.* ; **sur la charrette** : *L'essayer, ce sera peut-être l'adopter*

48

"Quote Any Testament Except Exodus"

30 July 1977
Brush and India ink over pencil, with green and purple wash; word "DIAL" corrected with pasted paper and opaque white
309 × 392
Signed l.r.
C 112596

« Citez le passage biblique qui vous plaira, mais évitez de le puiser dans l'Exode »

30 juillet 1977
Pinceau et encre de Chine sur crayon, au lavis vert et violet; le mot « DIAL » corrigé au blanc opaque sur papier collé
309 × 392
Signé b.d.
C 112596

Pierre Elliott Trudeau, Prime Minister; John Roberts, Secretary of State

On July 25, 1977, Prime Minister Trudeau announced in the House of Commons that a new information centre would be established to distribute pro-federalist information. The new program would be administered by a group of bureaucrats from various departments working with the new office of national unity headed by Paul Tellier.

Pierre Elliott Trudeau, premier ministre; John Roberts, secrétaire d'État

Le 25 juillet 1977, le premier ministre Trudeau annonça à la Chambre des communes qu'un nouveau centre d'information allait être mis sur pied afin de mieux faire connaître le fédéralisme canadien. Des fonctionnaires venus de divers ministères administreraient ce centre en collaboration avec le bureau de l'unité nationale dirigé par Paul Tellier.

V.f., sur la porte : *Secrétaire d'État;* **sur le bureau** : *Composez une prière — Unité Canada*

The Babysitters

49

4 December 1977
Brush and India ink over pencil,
with green, grey and brown wash
374 × 420
Signed l.l.
C 112599

**John Robarts and Jean-Luc Pepin,
Co-chairmen of the Task Force on
Canadian Unity**

Prime Minister Trudeau announced the
formation of the Task Force on Canadian
Unity on July 5, 1977. The task force was to
work with organizations and individuals "to
support, encourage and publicize the efforts
of the public ... to enhance Canadian unity"
and to provide advice to the government on
the unity issues. The task force toured the
country to gather public opinion and visited
Quebec City on November 24.

Les gardiens d'enfants

4 décembre 1977
Pinceau et encre de Chine sur crayon,
au lavis vert, gris et brun
374 × 420
Signé b.g.
C 112599

**John Robarts et Jean-Luc Pepin, co-
présidents du Groupe de travail sur
l'unité canadienne**

Le premier ministre Trudeau annonça le
5 juillet 1977 la création d'un groupe de travail sur l'unité canadienne. Cette commission avait pour mandat de travailler, en
collaboration avec des organismes et des
individus, « à appuyer, à encourager et à
faire connaître l'activité du public... pour
promouvoir l'unité canadienne » et à con-
seiller le gouvernement à ce sujet. Ce
groupe parcourut le pays pour consulter
l'opinion publique. Il visita Québec le 24
novembre.

***V.f.*, sur la broderie** : *Bénissez cette m...*

THE BABYSITTERS

Provincial Premiers at Work

Premiers ministres provinciaux au travail

50

21 October 1964
Pen, brush and India ink over pencil,
with opaque white
347 × 366
Signed l.r.
C 112829

21 octobre 1964
Plume, pinceau et encre de Chine sur
crayon, touché de blanc opaque
347 × 366
Signé b.d.
C 112829

Lester Pearson, Prime Minister

On October 14, 1964, Prime Minister Pearson and the provincial premiers met to discuss an amending formula for the constitution of Canada, the *British North America Act* of 1867. A draft recommendation of the attorneys general, prepared at meetings earlier in October, was unanimously accepted. The press, although pleased that agreement could be reached after decades of discussion, was unenthusiastic about the result. *The Toronto Star* concluded on October 20 that the agreement "represents a triumph for the extreme 'provincial rights' faction which wishes to exalt the role of the provinces and reduce that of the federal government to a minimum. It could be a milestone in the breakup of Confederation."

Lester Pearson, premier ministre

Le 14 octobre 1964, le premier ministre Pearson et les premiers ministres des provinces se rencontrèrent pour mettre au point une formule d'amendement à la constitution canadienne : l'Acte de l'Amérique du Nord britannique de 1867. On adopta à l'unanimité l'ébauche d'une recommandation élaborée par les procureurs généraux lors de rencontres préliminaires tenues en octobre. Tout en se réjouissant qu'une entente soit enfin intervenue après plusieurs décennies de discussion, la presse ne manifesta aucun enthousiasme. Le *Toronto Star* du 20 octobre vit dans cette entente une victoire du courant favorable à l'accroissement des pouvoirs des provinces et à une réduction sévère de ceux du gouvernement fédéral. Aux yeux du journal, l'entente annonçait peut-être la fin de la fédération canadienne.

V.f., sur le sac : *De Grande-Bretagne à Ottawa ;*
sur la robe : *Acte de l'Amérique du Nord britannique*

Tower of London

17 September 1970
Pen, brush and India ink over pencil
370 × 372
Signed l.r.
C 112564

La tour de Londres

17 septembre 1970
Plume, pinceau et encre de Chine sur crayon
370 × 372
Signé b.d.
C 112564

Clockwise from the top: Pierre Elliott Trudeau, Prime Minister; Ross Thatcher, Premier of Saskatchewan; Joey Smallwood, Premier of Newfoundland; Harry Strom, Premier of Alberta; Louis Robichaud, Premier of New Brunswick; Robert Bourassa, Premier of Quebec; John Robarts, Premier of Ontario; W.A.C. Bennett, Premier of British Columbia; Alex Campbell, Premier of Prince Edward Island; Edward Schreyer, Premier of Manitoba; G.I. Smith, Premier of Nova Scotia

Dans le sens des aiguilles d'une montre : Pierre Elliott Trudeau, premier ministre du Canada ; Ross Thatcher, premier ministre de la Saskatchewan ; Joey Smallwood, premier ministre de Terre-Neuve ; Harry Strom, premier ministre de l'Alberta ; Louis Robichaud, premier ministre du Nouveau-Brunswick ; Robert Bourassa, premier ministre du Québec ; John Robarts, premier ministre de l'Ontario ; W.A.C. Bennett, premier ministre de la Colombie-Britannique ; Alex Campbell, premier ministre de l'Île-du-Prince-Édouard ; Edward Schreyer, premier ministre du Manitoba ; G.I. Smith, premier ministre de la Nouvelle-Écosse

The second working session of the federal-provincial Constitutional Conference convened in Ottawa on September 14-15, 1970. The major aim of this meeting was to find an amending formula for a new constitution. The only firm agreement reached was to meet twice in 1971.

La seconde réunion de travail de la Conférence constitutionnelle fédérale-provinciale eut lieu à Ottawa les 14 et 15 septembre 1970. Le but principal de la rencontre était de trouver la formule d'amendement d'une nouvelle constitution. Le seul point sur lequel on se mit d'accord fut de tenir deux réunions en 1971.

V.f., **dans la bulle** : « *C'est une vieille coutume canadienne.* » ; **sur l'écriteau** : *Acte de l'Amérique du Nord britannique*

Untitled: First Ministers in Concert

14 February 1978
Pen, brush and India ink over pencil
317 × 427
Signed l.r.
C 112569

Pierre Elliott Trudeau, Prime Minister.
Back row: **Gerald Regan, Premier of Nova Scotia; Peter Lougheed, Premier of Alberta; Richard Hatfield, Premier of New Brunswick; Allan Blakeney, Premier of Saskatchewan; Alex Campbell, Premier of Prince Edward Island.**
Front row: **William Davis, Premier of Ontario; René Lévesque, Premier of Quebec; Frank Moores, Premier of Newfoundland; Sterling Lyon, Premier of Manitoba; Bill Bennett, Premier of British Columbia**

Prime Minister Trudeau met with the provincial premiers on February 13-15, 1978, to discuss the economy. A few general agreements were reached and another meeting was scheduled for November. During the conference, there were frequent quarrels among the participants climaxing when René Lévesque left the conference and disassociated himself with the final communiqué.

Sans titre : Premiers ministres en concert

14 février 1978
Plume, pinceau et encre de Chine sur crayon
317 × 427
Signé b.d.
C 112569

Pierre Elliott Trudeau, premier ministre du Canada. *À l'arrière :* **Gerald Regan, premier ministre de la Nouvelle-Écosse ; Peter Lougheed, premier ministre de l'Alberta ; Richard Hatfield, premier ministre du Nouveau-Brunswick ; Allan Blakeney, premier ministre de la Saskatchewan ; Alex Campbell, premier ministre de l'Île-du-Prince-Édouard.** *À l'avant :* **William Davis, premier ministre de l'Ontario ; René Lévesque, premier ministre du Québec ; Frank Moores, premier ministre de Terre-Neuve ; Sterling Lyon, premier ministre du Manitoba ; Bill Bennett, premier ministre de la Colombie-Britannique**

Le premier ministre Trudeau et les premiers ministres provinciaux se rencontrèrent les 13, 14 et 15 février 1978 pour des discussions à caractère économique. Ils se mirent d'accord sur quelques sujets d'intérêt général et convinrent de tenir une nouvelle réunion en novembre. Lors de cette rencontre, de nombreuses disputes éclatèrent entre les participants ; la plus vive fut ponctuée par le départ de René Lévesque et son refus de s'associer au communiqué final.

52

Toronto Scene

VI

La scène torontoise

53

"What's He Trying to Do, Wreck My Marriage?"

4 June 1959
Pen, brush and India ink over pencil,
with dot letratone; word "PHILLIPS"
corrected with opaque white
410 × 739
Signed l.l.
C 112588

Fred Gardiner, Chairman of Metropolitan Toronto Council

On June 1, 1959, Mayor Nathan Phillips said that Metro Toronto was headed for "turmoil and disaster" unless the twelve suburban administrations were amalgamated with Toronto. Phillips claimed that the suburban members of the Metropolitan Toronto Council were hostile towards the city. Fred Gardiner refuted Phillips' statement. Changes in the Metro arrangement were made in 1966, when the Ontario Legislative Assembly passed an act which created six administrations. Each of the city of Toronto and the five boroughs, East York, Etobicoke, North York, Scarborough and York, increased their territory by absorbing the smaller villages of Forest Hill, Leaside, Long Branch, Mimico, New Toronto, Swansea and Weston.

« Que veut-il au juste?... détruire mon mariage? »

4 juin 1959
Plume, pinceau et encre de Chine sur crayon, avec letratone en point; le nom « PHILLIPS » retouché de blanc opaque
410 × 739
Signé b.g.
C 112588

Fred Gardiner, président du conseil de la communauté régionale de Toronto

Le 1er juin 1959, le maire Nathan Phillips affirma que le Toronto métropolitain allait à la catastrophe à moins que les douze administrations de banlieue ne se fondent avec Toronto. Phillips soutint que les représentants des banlieues au Conseil de la communauté régionale s'étaient montrés hostiles à la ville; Fred Gardiner réfuta la déclaration de Phillips. En 1966, la législature ontarienne modifia la structure administrative qui régissait le Toronto métropolitain; elle vota une loi créant six administrations. La ville de Toronto et les cinq municipalités d'East York, Etobicoke, North York, Scarborough et York étendirent les limites de leurs territoires en incorporant les villages de Forest Hill, Leaside, Long Branch, Mimico, New Toronto, Swansea et Weston.

V.f., **sur le parchemin** : *Metrostan doit fusionner avec Toronto — Phillips*

Untitled: "Take a Jump in the Lake"

16 May 1961
Pen and India ink over pencil,
with pencil shading, on cream pebbled paper
384 × 300
Signed l.r.
C 112481

Nathan Phillips, Mayor of Toronto

In his weekly radio address on May 14, 1961, Mayor Phillips told the Toronto newspapers to "take a jump in the lake." The papers had criticized Phillips for holding a secret Board of Control meeting in his office on the 10th. Mayor Phillips said the meeting was only a conference and not an official meeting.

Sans titre : « Noyons la presse! »

16 mai 1961
Plume et encre de Chine sur crayon, ombré au crayon, sur papier beige à grain fort
384 × 300
Signé b.d.
C 112481

Nathan Phillips, maire de Toronto

Lors de son entretien radiophonique hebdomadaire du 14 mai 1961, le maire Phillips s'en prit vertement à la presse de Toronto. Les journaux s'étaient permis de critiquer Phillips pour avoir tenu, le 10 mai, une rencontre à huis clos dans ses bureaux. Le maire Phillips soutenait que la rencontre en question n'était qu'un simple conciliabule, et non pas une réunion en règle.

54

55

Untitled: Municipal Bullfight

Sans titre : L'arène municipale

27 May 1966
Pen, brush and India ink over pencil
301 × 302
Signed l.l.
C 113290

27 mai 1966
Plume, pinceau et encre de Chine sur crayon
301 × 302
Signé b.g.
C 113290

Philip Givens, Mayor of Toronto

Toronto City Council held a rowdy session on May 25, 1966, while discussing the re-organization of the city administration. During the interchanges, one alderman threatened to punch Mayor Givens in the nose if he continued to interrupt.

Philip Givens, maire de Toronto

Le 25 mai 1966, le conseil municipal de Toronto tint une réunion houleuse à l'occasion d'un débat sur la réorganisation de l'administration municipale. Pendant les échanges, un échevin menaça de frapper le maire Givens s'il continuait à lui couper la parole.

V.f., **sur la veste** : *Conseil municipal*

"Tellya Willie, Y'Got Charisma
Like That Feller Trudoo"

2 December 1969
Pen, brush and India ink over pencil
295 × 294
Signed l.r.
C 113304

« J'te dis, Willie, t'as autant de
charisme que leur fameux
Trudeau »

2 décembre 1969
Plume, pinceau et encre de Chine sur crayon
295 × 294
Signé b.d.
C 113304

William Dennison, Mayor of Toronto

William Dennison was easily re-elected for
another three-year term as mayor of Toronto
on December 1, 1969. He received 13,000
votes more than his nearest rival.

William Dennison, maire de Toronto

Le 1ᵉʳ décembre 1969, William Dennison fut
réélu sans difficulté maire de Toronto pour
un nouveau mandat de trois ans. Il l'emporta
par une majorité de 13 000 voix sur son plus
proche adversaire.

V.f., **manchette** : *Dennison réélu maire*

"They're Gaining on Us"

« Ils nous rattrapent! »

57

12 December 1974
Pen, brush and India ink over pencil
317 × 355
Signed l.r.
C 112952

12 décembre 1974
Plume, pinceau et encre de Chine sur crayon
317 × 355
Signé b.d.
C 112952

Clockwise from the top right: David Crombie, Mayor of Toronto; Reid Scott(?), Art Eggleton(?), Karl Jaffary(?), William Kilbourn, Members of the Executive Committee, Toronto City Council

In December 1973, the Toronto City Council passed Mayor Crombie's controversial by-law limiting the height of all new buildings in downtown Toronto to forty-five feet. However, the law required the approval of the Ontario Municipal Board. A year later, on December 11, 1974, the Ontario Municipal Board disallowed the by-law saying that the provincial government had not given municipalities such broad powers of control over development.

Dans le sens des aiguilles d'une montre, en commençant en haut à droite : David Crombie, maire de Toronto ; Reid Scott (?), Art Eggleton (?), Karl Jaffary (?), William Kilbourn, membres du comité exécutif du conseil municipal de Toronto

En décembre 1973, le conseil municipal de Toronto approuva le règlement controversé du maire Crombie qui limitait à 45 pieds la hauteur de tout nouvel immeuble dans le centre-ville. Le règlement devait toutefois obtenir l'assentiment de la Commission des affaires municipales de l'Ontario. Un an plus tard, le 11 décembre 1974, la commission désavoua le règlement en se fondant sur le fait que la province n'accordait pas aux municipalités un contrôle aussi étendu sur leur développement.

V.f., sur le cercueil : *Développement du centre-ville*

Home Run

58

13 December 1978
Brush and India ink over pencil,
with yellow, green and brown wash
329 × 381
Signed l.r.
C 112674

Paul Godfrey, Chairman of Metropolitan Toronto Council; John Sewell, Mayor of Toronto

John Sewell was elected mayor of Toronto on November 13, 1978. In a speech that night, he said one of his first moves would be to try to defeat Paul Godfrey's re-election bid for chairman of the Metropolitan Toronto Council. There had been disagreements for several years between Godfrey and Sewell (previously an alderman) over the election of the Metro chairman by the council rather than by the people. Godfrey was re-elected for a third two-year term on December 12 in a 28-8 vote. Sewell and the majority of the Toronto members of Metro Council voted against Godfrey.

Coup de circuit

13 décembre 1978
Pinceau et encre de Chine sur crayon,
au lavis jaune, vert et brun
329 × 381
Signé b.d.
C 112674

Paul Godfrey, président du conseil de la communauté régionale de Toronto; John Sewell, maire de Toronto

John Sewell fut élu maire de Toronto le 13 novembre 1978. Dans une allocution prononcée ce soir-là, il déclara que l'un de ses premiers gestes serait de chercher à empêcher la réélection de Paul Godfrey comme président du conseil de la communauté régionale de Toronto. Un différend opposait depuis plusieurs années Godfrey et Sewell (celui-ci était alors échevin) à propos de l'élection du président de la communauté régionale; l'un soutenait que le conseil de la communauté régionale devait élire le président, l'autre que c'était à la population elle-même de le faire. Le 12 décembre, Godfrey fut réélu pour un troisième mandat de deux ans, par 28 voix contre 8. Sewell et la plupart des membres torontois siégeant au conseil de la communauté régionale votèrent contre Godfrey.

V.f., sur la balle : *Attrapez Godfrey;* **sur le maillot** : *Ville;* **sur le but** : *Présidence*

Zoo What's Gnu?

Alors, quoi de nouveau au zoo?

59

10 July 1975
Pen, brush and India ink over pencil
350 × 387
Signed l.l.
C 112560

10 juillet 1975
Plume, pinceau et encre de Chine sur crayon
350 × 387
Signé b.g.
C 112560

The new Metropolitan Toronto Zoo opened on August 15, 1974. The following January, Gunter Voss, the zoo director, was held responsible by the Zoological Society Board for design faults in the new zoo which would cost 2 million dollars to correct. Voss was fired on January 16 without a hearing. This touched off a series of squabbles between and among the Zoological Society and Metropolitan Toronto Council. In July, the Metro Executive Committee took the first step towards taking over the control of the zoo by telling the Zoological Society that its contract to run the zoo would be renegotiated in October.

L'inauguration du jardin zoologique de Toronto eut lieu le 15 août 1974. Au mois de janvier, le conseil de la société zoologique tint le directeur du jardin, Gunter Voss, responsable de vices de construction et il estima à 2 millions de dollars les travaux de réfection. Voss fut congédié le 16 janvier sans avoir eu l'occasion de se faire entendre. L'affaire déclencha une kyrielle de disputes au sein de la société zoologique et au conseil de la municipalité régionale de Toronto, ainsi qu'entre les deux organismes. En juillet, le comité exécutif de la municipalité régionale prit une première mesure en vue de lui assurer la main haute sur les destinées du jardin : il fit savoir à la société zoologique que l'entente lui confiant l'administration du jardin allait devoir être renégociée en octobre.

V.f., sur le dos du patriarche : *Société zoologique*

60

Gallup Poll

30 April 1977
Pen, brush and India ink over pencil
268 × 341
Signed l.r.
C 112275

William Davis, Premier of Ontario

On April 28, 1977, the provincial Liberals and
New Democrats defeated the Conservative
government's rent-control bill in the Ontario
Legislative Assembly. Premier Bill Davis
treated the defeat as a vote of no confidence
and, on April 29, called an election for June 9.

Sondage Gallup

30 avril 1977
Plume, pinceau et encre de Chine sur crayon
268 × 341
Signé b.d.
C 112275

William Davis, premier ministre de l'Ontario

Le 28 avril 1977, les libéraux et les néo-
démocrates rejetèrent le projet de loi du
gouvernement sur le contrôle des loyers.
Aux yeux du premier ministre Davis, il
s'agissait là d'un vote de non-confiance et,
le lendemain, il annonça des élections dont
il fixa la date au 9 juin.

V.f., sur la carte dans la manche : *Majorité
parlementaire*

"Well, If You Could See It, Bill Davis Would Steal It"

« Ben, si on pouvait le voir, Bill Davis le volerait! »

12 February 1975
Pen, brush and India ink over pencil
340 × 379
Signed l.l.
C 112469

12 février 1975
Plume, pinceau et encre de Chine sur crayon
340 × 379
Signé b.g.
C 112469

61

Robert Nixon, Leader of the Ontario Liberal Party

The Ontario Liberal Party held a policy conference in Windsor on February 8, 1975, but did not adopt any resolutions. Robert Nixon said that he expected a provincial election would be held soon, and that the leadership of Premier William Davis would be the central theme of the Liberal campaign. In August, Premier Davis announced that the election would be held on September 18.

Robert Nixon, chef du parti libéral de l'Ontario

Le parti libéral de l'Ontario tint une réunion à Windsor le 8 février 1975 pour préciser son programme, mais il n'adopta aucune résolution. Robert Nixon déclara qu'il s'attendait à ce que des élections soient déclenchées sous peu ; le parti libéral axerait sa campagne sur les qualités de chef du premier ministre Davis. Au cours du mois d'août, celui-ci annonça la tenue d'élections le 18 septembre.

V.f., sur le piédestal : *Plate-forme électorale du parti libéral ontarien*

ONTARIO

LIBERAL PARTY PLATFORM

62

6 December 1974
Pen, brush and India ink over pencil
367 × 367
Signed l.l.
C 112458

6 décembre 1974
Plume, pinceau et encre de Chine sur crayon
367 × 367
Signé b.g.
C 112458

Morton Shulman, Ontario New Democratic Party M.L.A.

Morton Shulman, représentant néo-démocrate à l'assemblée législative de l'Ontario

On December 3, 1974, Morton Shulman claimed in the Ontario Legislative Assembly that the federal Solicitor General, Warren Allmand, had refused to investigate allegations of violence within the Seafarers' International Union because Allmand had received contributions for his July election campaign from the Union. Dr. Shulman did not reveal the source of his information. On December 5, the CTV reported that $50,000 had been given to members of Parliament in all three of the major political parties. The federal government and the Ontario provincial government each stated that they thought the other should investigate the allegations. A report by the R.C.M.P., tabled in the House of Commons on April 24, 1975, cleared nine federal Liberal M.P.'s of any wrong-doing.

Le 3 décembre 1974, Morton Shulman soutint devant l'assemblée législative de l'Ontario que le solliciteur général du gouvernement fédéral, Warren Allmand, avait reçu des plaintes à propos d'actes de violence commis au sein du Syndicat international des marins canadiens, mais qu'il avait refusé d'entreprendre une enquête sous prétexte que ce syndicat venait de contribuer à sa campagne électorale de juillet. Shulman s'abstint de révéler l'origine de ces renseignements. Le 5 décembre, le réseau CTV rapporta qu'une somme de $50 000 avait été versée à des députés des trois principaux partis politiques. Les gouvernements provincial et fédéral s'invitèrent mutuellement à ouvrir une enquête. Un rapport de la G.R.C. déposé en chambre le 24 avril 1975 devait innocenter neuf députés libéraux.

V.f., **sur la ceinture** : *Syndicats ouvriers;* **sur le sifflet** : *N.P.D.*

International Affairs

Les affaires internationales

VII

Needed: A U.N. Referee

63

18 May 1960
Brush and India ink over pencil,
with pencil shading
330 × 446
Signed l.l.
C 112562

Charles de Gaulle, President of France; Harold Macmillan, Prime Minister of Great Britain; Dwight D. Eisenhower, President of the United States; Nikita Khrushchev, Premier of the U.S.S.R.

The planned East-West summit conference ended abruptly on May 16, 1960. Premier Khrushchev refused to attend unless President Eisenhower apologized for the incident of May 1, when a U.S. airplane was shot down over the U.S.S.R. while on a photographic reconnaissance mission. French President de Gaulle and British Prime Minister Macmillan failed to persuade Khrushchev to continue the conference even though President Eisenhower had said that the espionage flights had ceased after the May 1 incident and would not be resumed.

On demande un arbitre de l'O.N.U.

18 mai 1960
Pinceau et encre de Chine sur crayon,
ombré au crayon
330 × 446
Signé b.g.
C 112562

Charles de Gaulle, président de la République française ; Harold Macmillan, premier ministre de la Grande-Bretagne ; Dwight D. Eisenhower, président des États-Unis ; Nikita Khrouchtchev, président du Conseil des ministres de l'U.R.S.S.

La conférence au sommet des Quatre Grands avorta brusquement le 16 mai 1960. Khrouchtchev refusa en effet de poursuivre les entretiens, tant qu'Eisenhower n'aurait pas présenté d'excuses pour l'incident survenu le 1er mai, alors qu'un avion américain en mission photographique avait été abattu au-dessus de l'U.R.S.S. De Gaulle et Macmillan ne parvinrent pas à retenir Khrouchtchev, bien qu'Eisenhower ait affirmé que depuis le 1er mai les États-Unis avaient interrompu ces vols et qu'ils ne seraient pas repris.

Untitled: The New Pied Pipers

Sans titre : Les nouveaux charmeurs de rats

20 September 1960
Pen, brush and India ink over pencil,
with dot letratone
288 × 363
Signed l.r.
C 112618

20 septembre 1960
Plume, pinceau et encre de Chine sur
crayon, avec letratone en point
288 × 363
Signé b.d.
C 112618

Dwight D. Eisenhower, President of the United States; Nikita Khrushchev, Premier of the U.S.S.R.

Dwight D. Eisenhower, président des États-Unis ; Nikita Khrouchtchev, président du Conseil des ministres de l'U.R.S.S.

The United Nations began its 15th annual session on September 20, 1960, in New York. The opening session was attended by an unprecedented number of world leaders and their delegations. Khrushchev arrived on September 19 and addressed the U.N. Assembly on September 24. Eisenhower had spoken on September 22. Both men put forward their policies on aid to the Congo Republic and other African nations.

La 15ᵉ assemblée des Nations unies débuta à New York le 20 septembre 1960. Un nombre exceptionnel de chefs d'État accompagnés de leurs délégations assistèrent à l'ouverture de la session. Khrouchtchev arriva le 19 septembre et prit la parole le 24 septembre. Eisenhower en avait fait de même deux jours plus tôt. L'un et l'autre exposèrent leur politique d'aide au Congo et à d'autres pays d'Afrique.

Untitled: Détente

11 April 1977
Pen and India ink over pencil
313 × 373
Signed l.l.
C 112608

Jimmy Carter, President of the United States; Leonid Brezhnev, President of the Presidium of the Supreme Soviet of the U.S.S.R.

The Strategic Arms Limitation Talks between the Soviet Union and the United States had reached an impasse by March 1977. A series of discussions were held in April between U.S. officials and Anatoly Dobrynin, the Soviet Union's ambassador to the United States. Dobrynin met with Cyrus Vance on April 7 and 15, with Jimmy Carter on April 12 and with Zbigniew Brzezinski on April 13. No announcements were made until May 21, when further talks in Geneva concluded with a joint communiqué stating that "progress had been made in developing a common framework for further negotiations."

Sans titre : Détente

11 avril 1977
Plume et encre de Chine sur crayon
313 × 373
Signé b.g.
C 112608

Jimmy Carter, président des États-Unis ; Leonid Brejnev, président du praesidium du Soviet suprême, U.R.S.S.

En mars 1977, les pourparlers entre l'Union soviétique et les États-Unis au sujet de la limitation des armements stratégiques s'engagèrent dans une impasse. En avril, plusieurs rencontres eurent lieu entre des représentants des États-Unis et Anatoly Dobrynin, ambassadeur soviétique aux États-Unis. Dobrynin rencontra Cyrus Vance les 7 et 15 avril, Jimmy Carter le 12 avril et Zbigniew Brzezinski le 13 du même mois. L'affaire resta sans écho jusqu'au 21 mai alors que les deux parties en cause se réunirent à Genève et déclarèrent conjointement « qu'elles avaient progressé dans leurs efforts pour établir un terrain d'activité utile à la poursuite des négociations ».

"Heal!"

6 June 1977
Brush and India ink over pencil,
with green and brown wash
314 × 335
Signed l.r.
C 112581

Jimmy Carter, President of the United States

President Carter outlined a new foreign policy for the United States on May 22, 1977. He emphasized that the United States should promote human rights, should co-operate with the industrialized democracies, should reduce the world discrepancy between rich and poor, and should encourage all countries "to rise above narrow interests and work together to solve such formidable global problems as the threat of nuclear war, racial hatred, the arms race, environmental damage, hunger and disease."

« Guéris! »

6 juin 1977
Pinceau et encre de Chine sur crayon,
au lavis vert et brun
314 × 335
Signé b.d.
C 112581

Jimmy Carter, président des États-Unis

Le 22 mai 1977, le président Carter annonça les grandes lignes de la nouvelle politique étrangère des États-Unis. Il insista sur le fait que son pays allait défendre les droits de l'homme, coopérer avec les démocraties industrialisées, travailler à réduire les écarts entre riches et pauvres et encourager les pays à s'élever au-dessus d'intérêts mesquins et à s'attaquer aux problèmes d'une portée universelle, tels que le danger d'une guerre nucléaire, le racisme, la course aux armements, la protection de l'environnement, la faim et la maladie.

V.f., **sur le livre** : *Politique étrangère*

TORONTO STAR

Macpherson

Daily Smile

Sourire quotidien

67

22 May 1970
Pen, brush and India ink over pencil,
with pencil shading
277 × 320
Signed l.r.
C 112576

22 mai 1970
Plume, pinceau et encre de Chine sur
crayon, ombré au crayon
277 × 320
Signé b.d.
C 112576

**Leonid Brezhnev, President of the
Presidium of the Supreme Soviet
of the U.S.S.R.**

**Leonid Brejnev, président du praesi-
dium du Soviet suprême, U.R.S.S.**

Prices on the New York Stock Exchange
declined drastically in April and May of 1970.
On May 19, prices were down 11.41 points
on the Dow-Jones averages. On May 20,
they were down another 14.85 points, and
again on May 21, they were down 11.30
points. May 25 was to bring a further dra-
matic 20.81 point drop.

Au cours des mois d'avril et de mai 1970,
les cotes à la bourse de New York dégrin-
golèrent. Le 19 mai, l'indice Dow-Jones
nota une baisse de 11,41 points. Le lendemain et le surlendemain, il indiqua des
pertes de 14,85 et de 11,30 points. Le
25 mai, il enregistra une nouvelle et drama-
tique chute de 20,81 points.

V.f., **manchettes du** *Wall Street Journal* : *Chute
du marché des valeurs, Nixon blâmé, Dépression —
Récession, Débâcle, Nouvelles baisses, Baisse de
l'indice Dow-Jones, Chute vertigineuse, Krach,
Autres grèves*

Black September

Septembre noir

68

6 September 1972
Brush and India ink over pencil,
with brown wash
329 × 341
Signed l.r.
C 112624

6 septembre 1972
Pinceau et encre de Chine sur crayon,
au lavis brun
329 × 341
Signé b.d.
C 112624

An Arab guerrilla organization, calling itself Black September, attacked the living quarters of the Israeli Olympic team at Munich on September 5, 1972. Two Israelis were shot and killed, and nine more were taken hostage and later killed at the airport. Five of the terrorists and one West German policeman also died in the airport battle.

À Munich, le 5 septembre 1972, un groupe de guérilleros arabes du nom de Septembre noir attaqua les logements de l'équipe olympique d'Israël. Deux Israéliens furent abattus tandis que neuf autres étaient amenés en otages, puis tués à l'aéroport. Cinq des terroristes et un gendarme de l'Allemagne de l'Ouest périrent également dans la fusillade qui éclata à l'aéroport.

69

Lat.52 ... Long.0 ... Frozen Fast ... No Coal ... Rations Low ... Crew Mutinous ... God Save the Queen

18 January 1974
Scraping out on black scraperboard; corrections on hat in brush and India ink
238 × 260
Signed u.r.
C 112251

Lat.52°... long.0°... gelé dur... pas de charbon... rations à la baisse... équipage mutiné... Dieu protège la reine

18 janvier 1974
Raclage sur carton à gratter noir ; chapeau retouché au pinceau et à l'encre de Chine
238 × 260
Signé h.d.
C 112251

Edward Heath, Prime Minister of Great Britain

The British Parliament was recalled for an emergency two-day debate on the national economic crisis on January 9-10, 1974. The state of emergency was extended by the House of Commons for a third month on January 9 to deal with the slowdowns by coal miners and railway engineers which had been disrupting Britain's fuel supplies. On January 14, talks with the Trades Union Congress broke down leaving the pay dispute with the coal miners unresolved. And on the 15th, the rail engineers staged a twenty-four-hour walkout to press their demands for renewed pay talks.

Edward Heath, premier ministre de la Grande-Bretagne

Les 9 et 10 janvier 1974, le parlement britannique fut rappelé d'urgence pour un débat de deux jours sur la crise économique. Le 9, la Chambre des communes prolongea pour un troisième mois l'état d'urgence dans le but de s'opposer aux ralentissements de travail chez les mineurs et chez les cheminots ; ces ralentissements avaient perturbé les approvisionnements énergétiques du pays. Le 14 janvier, les pourparlers avec le *Trades Union Congress* furent rompus sans qu'une entente salariale avec les mineurs ait été conclue. Le lendemain, les cheminots débrayèrent pour vingt-quatre heures dans l'espoir que cet arrêt de travail entraînerait la reprise des négociations.

"If They Were <u>Real</u> Americans They Would Be Home Watching the Ball Game!"

16 October 1969
Pen, brush and India ink over pencil,
with yellow and brown wash
308 × 309
Signed l.l.
C 112606

« De <u>vrais</u> Américains seraient à la maison devant le téléviseur en train de regarder un match de baseball! »

16 octobre 1969
Plume, pinceau et encre de Chine sur
crayon, au lavis jaune et brun
308 × 309
Signé b.g.
C 112606

Richard Nixon, President of the United States

Across the United States, antiwar protests were held on October 15, 1969, to demand an end to the war in Vietnam. A wide spectrum of American society participated in or endorsed the activities of Moratorium Day. In Washington D.C., an estimated 45,000 persons marched to the White House led by Mrs. Martin Luther King. The marchers, ten to twelve abreast, took two hours to pass the White House.

Richard Nixon, président des États-Unis

Le 15 octobre 1969, des manifestations contre la guerre eurent lieu à travers les États-Unis afin d'exiger la fin des hostilités au Viêt-nam. Un large éventail de la société américaine participa ou donna son appui aux démonstrations du jour moratoire. À Washington (D.C.), environ 45 000 personnes défilèrent jusqu'à la Maison-Blanche sous la conduite de Mme Luther King. Pendant dix heures, les manifestants marchèrent devant la Maison-Blanche par rangs de dix à douze personnes.

V.f., **sur les pancartes** : *Arrêtez cette guerre maintenant, Les États-Unis — pas le flic du monde, Dehors! Dehors! Dehors!, Sortez!, Sortez du Viêt-nam, Arrêtez la guerre, Mêlons-nous de nos affaires ;* **sur le bureau** : *Tableau des morts et des blessés, Question de l'arme ultime, Viêt-nam — Nous sommes ici (X)*

The Teachings of Chairman Nixon

15 February 1972
Pen, brush and India ink over pencil
251 × 311
Signed l.l.
C 112574

71

Mao Tse-tung, Chairman of the People's Republic of China

On February 10, 1972, U.S. President Nixon announced the details of his planned trip to the People's Republic of China. Nixon arrived in China on February 21 for a seven-day visit. The trip renewed communications between the two countries after twenty years of virtual silence.

Le petit livre rouge du président Nixon

15 février 1972
Plume, pinceau et encre de Chine sur crayon
251 × 311
Signé b.g.
C 112574

Mao Tsé-toung, président de la République populaire de Chine

Le 10 février 1972, le président Nixon révéla le programme de son voyage en Chine. Sa visite qui allait durer sept jours débuta le 21 février. Ce voyage marqua la reprise des relations entre la Chine et les États-Unis après une interruption de vingt ans.

Untitled: The Old Glory

Sans titre : Le défenseur du drapeau

5 February 1974
Pen and India ink over pencil
308 × 307
Signed l.l.
C 112577

5 février 1974
Plume et encre de Chine sur crayon
308 × 307
Signé b.g.
C 112577

Richard Nixon, President of the United States

Richard Nixon, président des États-Unis

In February 1973, the United States Senate began hearings into the electronic bugging of the Democratic convention headquarters at the Watergate Hotel. A year later, the growing scandal saw President Nixon engaged in last-ditch arguments with the Senate committee over the right of the President to withhold subpoenaed White House tape recordings which contained evidence of a White House cover-up attempt. The committee did not accept Nixon's arguments. In the months that followed, further evidence implicating President Nixon was revealed. Impeachment proceedings were begun in the House of Representatives, and Nixon resigned on August 8, 1974.

En février 1973, le sénat américain entreprit l'audition des témoins dans l'affaire de l'écoute électronique à la convention du parti démocrate tenue à l'hôtel Watergate. Un an plus tard, au grand scandale de l'opinion publique, on vit le président Nixon tenter d'ultimes efforts auprès du comité sénatorial dans le but de lui refuser la communication de bandes magnétiques compromettantes. Le comité, qui avait adressé une assignation à la Maison-Blanche, n'accepta pas les explications de Nixon. Dans les mois qui suivirent, des faits nouveaux vinrent incriminer Nixon. La Chambre des représentants engagea des procédures d'accusation et, le 8 août 1974, Nixon donna sa démission.

Pit Stop

Ravitaillement

2 March 1973
Pen, brush and India ink over pencil
334 × 404
Signed l.r.
C 112211

2 mars 1973
Plume, pinceau et encre de Chine sur crayon
334 × 404
Signé b.d.
C 112211

Henry Kissinger, Secretary of State of the United States

Henry Kissinger was the initiator of a new style of diplomatic communication to be called "shuttle diplomacy." The first example was in dealing with the Vietnam war. In early 1973, Kissinger's travels included a resumption of secret Indochina peace talks with Le Duc Tho of North Vietnam from January 8 to 13 near Paris. Kissinger then reported on the progress of those talks to President Nixon in the United States on January 14 and 15. He returned to Paris on January 23 to initial a cease-fire agreement. Kissinger then visited Thailand and Laos on February 8 and 9 for talks to expand the cease-fire to include Laos and Cambodia. From February 10 to 13, he met with North Vietnamese Premier Pham Van Dong in Hanoi. On February 13, Kissinger flew to Hong Kong to rest, but left for Peking on the 15th for five days of discussions with Chinese leaders. On February 19, he met with Japanese officials in Tokyo, and he returned to the United States on February 20 to brief President Nixon again.

Henry Kissinger, secrétaire d'État des États-Unis

En faisant la navette, Henry Kissinger introduisit un nouveau style de relations diplomatiques. Avec la guerre du Viêt-nam, il nous en fournit un premier exemple. Ainsi, du 8 au 13 janvier 1973, il avait repris, dans le plus grand secret, en banlieue de Paris, des pourparlers de paix avec Le Duc Tho du Viêt-nam du Nord. Les 14 et 15 janvier, il fit connaître au président Nixon le résultat des négociations. Le 22 janvier, il revenait à Paris afin de signer des accords de cessez-le-feu. Les 8 et 9 février, il avait des conversations en Thaïlande et au Laos dans le but d'étendre au Laos et au Cambodge la zone du cessez-le-feu. Les 10, 11, 12 et 13 février, il s'entretint à Hanoï avec le président du Viêt-nam du Nord, Pham Van Dong. Le 13 février, Kissinger faisait escale à Hong Kong pour un repos de courte durée, puisque le 15 il devait se rendre à Pékin où des discussions avec les dirigeants chinois allaient le retenir cinq jours. Le 19 février, il rencontra les autorités japonaises, à Tokyo, puis, le lendemain, rentra aux États-Unis et fit de nouveau rapport au président Nixon.

V.f., **sur les salopettes** : *Maison-Blanche*; **dans la culotte** : *Billets d'avion*

It Means 'Fork Over the Oil or We'll Break Your Arm'

25 September 1974
Brush and India ink over pencil,
with green and purple wash
265 × 355
Signed l.r.
C 112585

Autrement dit : « Donne-nous du pétrole, ou on te tord le bras »

25 septembre 1974
Pinceau et encre de Chine sur crayon,
au lavis vert et violet
265 × 355
Signé b.d.
C 112585

Henry Kissinger, Secretary of State of the United States

The Organization of Petroleum Exporting Countries agreed in a meeting on September 13, 1974, in Vienna to raise the price of a barrel of oil by 33 cents. The United States called the move "economic blackmail." Henry Kissinger addressed the United Nations General Assembly on September 23, saying that the artificially high oil prices set by O.P.E.C. threatened the world with a major economic crisis.

Henry Kissinger, secrétaire d'État des États-Unis

L'Organisation des pays exportateurs de pétrole (O.P.E.P.), à l'occasion d'une réunion tenue à Vienne le 13 septembre 1974, convint de hausser de 33¢ le prix du baril. Les États-Unis crièrent au chantage économique. Prenant la parole devant l'Assemblée générale des Nations unies, le 23 septembre, Henry Kissinger affirma que la hausse décrétée par l'O.P.E.P. faisait planer sur le monde la menace d'une grave crise économique.

V.f., sur le parchemin : *Les nations ne doivent pas refuser de partager les cadeaux de la nature au bénéfice de l'humanité. H. Kissinger*

Social Concerns

VIII

Préoccupations sociales

Red Tape

Bureaucratie

75

10 October 1968
Brush and India ink over pencil,
with scraping out, on scraperboard
204 × 204
Signed l.r.
C 112622

10 octobre 1968
Pinceau et encre de Chine sur crayon,
avec raclage, sur carton à gratter
204 × 204
Signé b.d.
C 112622

Nigeria's eastern region seceded on May 30, 1967, and declared its independence as the Republic of Biafra. A year later, reports of growing famine amongst the Ibo refugees in Biafra indicated that millions were dying. International relief flights were interrupted in July and August by Nigerian and Biafran conflicts as to how the aid was to be administered. On October 8, 1968, Prime Minister Trudeau announced that Nigeria had agreed to allow Canadian military aircraft to carry relief supplies anywhere within Nigeria including those areas under rebel control. However, the airfields in Nigeria were found to be incapable of handling the Hercules aircraft's weight. Biafra withheld landing clearance on its airfields until October 27. The first Canadian relief flight was finally made on October 30.

Le 30 mai 1967, la partie orientale du Nigeria fit sécession, puis déclara son indépendance sous le nom de République du Biafra. Un an plus tard, on apprit que des millions de réfugiés ibos mouraient de faim dans la nouvelle république. Les secours venant de l'étranger durent être interrompus en juillet et en août à cause du désaccord opposant Biafrais et Nigérians sur la manière d'acheminer l'aide. Le 8 octobre, le premier ministre Trudeau déclara que le Nigeria permettait aux avions militaires canadiens de livrer les secours en quelque point du pays que ce soit, même dans les régions occupées par les forces rebelles. Toutefois, il s'avéra que les avions canadiens (des Hercules) étaient trop lourds pour se poser sur les aéroports nigérians. Le Biafra interdit tout atterrissage jusqu'au 27 octobre de sorte que ce n'est que le 30 octobre que furent acheminés les premiers ravitaillements canadiens.

Untitled: Gluttony and Starvation

Sans titre : Gloutonnerie et famine

76

15 May 1974
Brush and India ink over pencil,
with scraping out, on scraperboard
303 × 351
Signed l.l.
C 113181

15 mai 1974
Pinceau et encre de Chine sur crayon,
avec raclage, sur carton à gratter
303 × 351
Signé b.g.
C 113181

On May 1, 1974, the United Nations held a special session on raw materials and world development and approved an action program, drafted mainly by Third World nations. The program included the establishment of a special U.N. fund of voluntary contributions from industrialized countries to provide emergency relief and development assistance beginning January 1, 1975. On May 2, U.N. Secretary General Kurt Waldheim summoned the heads of the World Bank and the International Monetary Fund to discuss emergency aid to the countries hardest hit by world economic problems.

Le 1er mai 1974, les Nations unies tinrent une session spéciale consacrée aux matières premières et au développement. On convint d'un plan d'action, inspiré tout spécialement par les pays du Tiers-monde. Le plan prévoyait la mise sur pied par les Nations unies d'un fonds de secours provenant de contributions volontaires des puissances industrialisées. Ce fonds, accessible à partir du 1er janvier 1975, devait permettre de répondre aux appels d'aide ou de secours. Le 2 mai, le secrétaire général Kurt Waldheim convoqua les dirigeants de la Banque mondiale et du Fonds monétaire international pour déterminer l'aide qu'il fallait de toute urgence apporter aux pays les plus durement touchés par la crise économique.

Tomorrow's Guerrillas

Guérilleros de demain

77

3 November 1970
Brush and India ink over pencil,
with scraping out, on scraperboard
281 × 282
Signed l.r.
C 112619

3 novembre 1970
Pinceau et encre de Chine sur crayon,
avec raclage, sur carton à gratter
281 × 282
Signé b.d.
C 112619

On October 28, 1970, a Soviet airplane was hijacked to Turkey. Two U.S. planes were hijacked to Cuba on October 30 and November 1. These were just the latest in a rash of worldwide hijackings, causing thirty-two member nations of the United Nations on November 6 to request international action against hijackings.

Le 28 octobre 1970, un avion russe fut détourné vers la Turquie. Le 30 octobre et le 1er novembre, ce fut le cas de deux avions américains vers Cuba. Ces détournements, qui n'étaient que les plus récentes manifestations d'une véritable épidémie à l'échelle de la planète, déterminèrent 32 pays membres des Nations unies à réclamer une concertation internationale sur le sujet.

MACPHERSON TORONTO STAR

The American Dream

Le rêve américain

15 November 1978
Brush and India ink over pencil,
with scraping out, on scraperboard
345 × 348
Signed l.r.
C 112613

15 novembre 1978
Pinceau et encre de Chine sur crayon,
avec raclage, sur carton à gratter
345 × 348
Signé b.d.
C 112613

MACPHERSON TORONTO STAR

79

Northern Nativity

Nativité dans le Grand Nord

24 December 1976
Scraping out on black scraperboard;
corrections in brush and India ink
328 × 423
Signed l.r.
C 112570

24 décembre 1976
Raclage sur carton à gratter noir ; retouché
au pinceau et à l'encre de Chine
328 × 423
Signé b.d.
C 112570

Happy Christmas

24 December 1974
Brush and India ink over pencil,
with green and brown wash;
pasted paper and black felt pen additions
339 × 298
Signed u.l.
C 112193

Duncan Macpherson

Joyeux Noël

24 décembre 1974
Pinceau et encre de Chine sur crayon, au
lavis vert et brun; papiers collés et signa-
tures additionnelles au crayon feutre noir
339 × 298
Signé h.g.
C 112193

Duncan Macpherson

V.f., sur le bonhomme de neige : *Joyeux Noël;*
sous le bonhomme de neige : *De notre comité de
rédaction*

FROM OUR EDITORIAL BOARD

Stuart Shaw

Bob Nielsen

Bob Strupat

Peter Marucci

Robertson Cochrane

Michael Cobden

Robert Duffy

Margaret Weiers

Mark Gayn

TORONTO STAR

Index: Persons

Index onomastique

References are to the catalogue numbers. The words "not pictured" indicate that the person is either mentioned by name or the subject of the cartoon, but is not actually depicted.

Les références renvoient aux numéros du catalogue. Les mots « non représenté(e) » suivant le nom d'une personne indiquent que cette personne est le sujet de la caricature ou y est mentionnée, mais qu'elle ne figure pas dans la caricature.

218

Thatcher, Ross: 51
Thompson, Robert: 14
Tremblay, René: 7 (not pictured)
Trudeau, Pierre Elliott: 1, 2, 9, 11, 12, 13, 19,
    23, 26, 29, 31, 44, 45, 48, 51, 52
Turner, John: 26, 43

Vanier, Georges: 42

Whelan, Eugene: 37
Winters, Robert: 7 (not pictured), 20

Thatcher, Ross : 51
Thompson, Robert : 14
Tremblay, René : 7 (non représenté)
Trudeau, Pierre Elliott : 1, 2, 9, 11, 12, 13,
    19, 23, 26, 29, 31, 44, 45, 48, 51, 52
Turner, John : 26, 43

Vanier, Georges : 42

Whelan, Eugene : 37
Winters, Robert : 7 (non représenté), 20

Index: Issues and Events

Index thématique

References are to the catalogue numbers. Numbers in **bold** refer to the main thematic divisions of the exhibition.

Les références renvoient aux numéros du catalogue. Les chiffres en caractères **gras** réfèrent aux principaux thèmes de l'exposition.

Index: Dates

Index chronologique

1968
10 October: 75

1969
16 October: 70
2 December: 56

1970
11 February: 8
22 May: 67
17 September: 51
20 October: 43
3 November: 77

1971
1 October: 1

1972
15 February: 71
6 September: 68

1973
2 March: 73

1974
18 January: 69
5 February: 72
15 May: 76
31 May: 44
7 June: 28
14 June: 29
3 July: 9
4 July: 10
5 July: 11
25 September: 74
3 October: 37
6 December: 62
12 December: 57
24 December: 80

1968
10 octobre : 75

1969
16 octobre : 70
2 décembre : 56

1970
11 février : 8
22 mai : 67
17 septembre : 51
20 octobre : 43
3 novembre : 77

1971
1er octobre : 1

1972
15 février : 71
6 septembre : 68

1973
2 mars : 73

1974
18 janvier : 69
5 février : 72
15 mai : 76
31 mai : 44
7 juin : 28
14 juin : 29
3 juillet : 9
4 juillet : 10
5 juillet : 11
25 septembre : 74
3 octobre : 37
6 décembre : 62
12 décembre : 57
24 décembre : 80

1975
12 February: 61
6 March: 30
8 July: 17
10 July: 59
18 July: 41
18 September: 23
11 December: 38

1976
4 February: 27
30 April: 39
4 May: 12
6 May: 31
25 May: 34
30 June: 45
16 October: 26
17 December: 46
24 December: 79

1977
6 January: 13
3 February: 47
11 April: 65
30 April: 60
6 June: 66
30 July: 48
4 December: 49

1978
3 January: 24
14 January: 40
14 February: 52
27 February: 18
21 March: 2
11 April: 35
13 June: 32
15 November: 78
13 December: 58
14 December: 19

1975
12 février : 61
6 mars : 30
8 juillet : 17
10 juillet : 59
18 juillet : 41
18 septembre : 23
11 décembre : 38

1976
4 février : 27
30 avril : 39
4 mai : 12
6 mai : 31
25 mai : 34
30 juin : 45
16 octobre : 26
17 décembre : 46
24 décembre : 79

1977
6 janvier : 13
3 février : 47
11 avril : 65
30 avril : 60
6 juin : 66
30 juillet : 48
4 décembre : 49

1978
3 janvier : 24
14 janvier : 40
14 février : 52
27 février : 18
21 mars : 2
11 avril : 35
13 juin : 32
15 novembre : 78
13 décembre : 58
14 décembre : 19

Design: Jacques Charette and Associates Ltd.   Graphisme : Jacques Charette et Associés Ltée